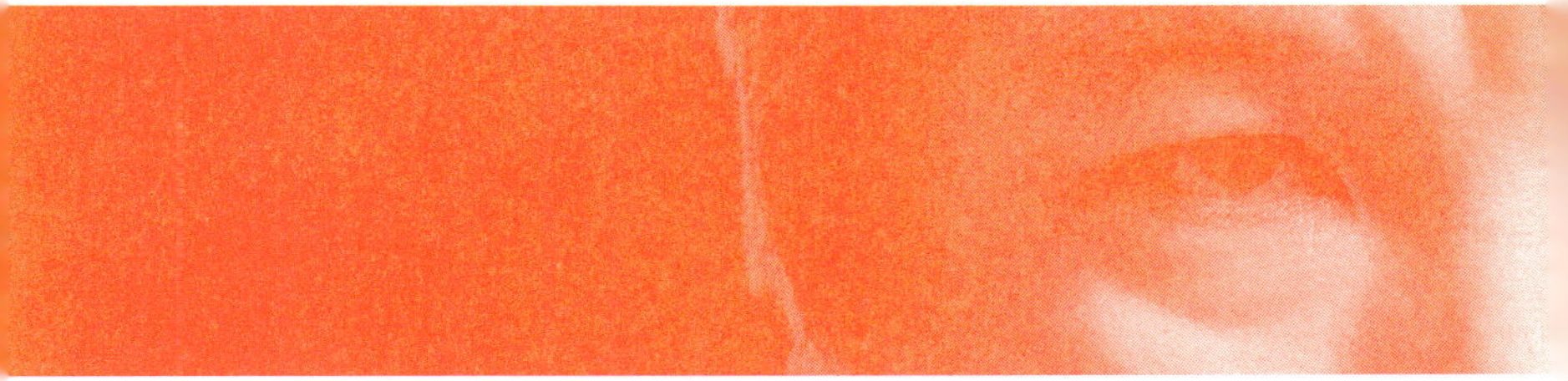

里崎智也
Tomoya Satozaki

令和 プロ野球ぶっちゃけ話

球界ニュースの見方が180度変わる本

清談社
Publico

令和プロ野球ぶっちゃけ話

球界ニュースの見方が180度変わる本

はじめに

令和の「球界の常識」を捨てれば、野球はもっとおもしろくなる

２０２４年シーズンは、球史に残る「下剋上《げこくじょう》」に沸いた。２０２４年11月3日、横浜スタジアムで行われた日本シリーズ第6戦で、セ・リーグ3位の横浜《よこはま》ＤｅＮＡベイスターズが、パ・リーグ1位の福岡ソフトバンクホークスを11対2で下して26年ぶりの日本一を達成した。ソフトバンクの日本シリーズ敗退は、２００５年にダイエーから球団を譲渡されて以降、８度目の日本シリーズ出場で初めてのことだった。

一方のＤｅＮＡは、２０１０年の千葉ロッテマリーンズ以来、14年ぶり2度目の下剋上を果たしたことで、当時ロッテの現役選手だった私も、一部マスコミから「ロッテが下剋上を果たした当時と今回のＤｅＮＡでは何か共通点があるのか？」という質問を受けた。

このとき、私はキッパリ、「ない」と答えた。当時のロッテと現在のＤｅＮＡの攻走守の戦力を分析してみても、これといった共通点は見当たらなかったし、あるとすれば、

「やってやろうじゃないか」という気持ちがDeNAにあったかどうかというところだ。

反対に、ソフトバンクの敗因を分析すると、シーズン中は中継ぎ投手として活躍していた松本裕樹《まつもとゆうき》と藤井皓哉《ふじいこうや》がケガによる離脱で日本シリーズで登板できなかったことが一因であると考えている。たしかに、山川穂高《やまかわほたか》を中心とした打線が機能しなかったという見方もできるが、松本、藤井の両右腕が欠けてしまったことで、シーズンと同じ戦い方ができなくなったことが、シリーズの戦いに影響をおよぼしたのではないかと考えていた。

それを差し引いても、DeNAは「よく戦った」と評価すべきだろうし、下剋上からの日本一は評価されるべきだと思う。

私は引退してから早11年が過ぎたが、いまのプロ野球を見ていて、どうしても生ぬるさを感じずにはいられない。デッドボールに激高して乱闘に発展するなんてシーンもとんと見かけなくなったし、選手同士のいざこざなど、ほとんど起きなくなった。

いまは球団の垣根を越えて各球団の選手が自主トレを行い、日本代表の「侍ジャパン」に招集され、選手同士の仲もよくなっているから、乱闘になる前に「まあまあ」となだめて事態を収拾させることも、昔に比べてたやすくなったということもあるだろう。

解説者に目を向けても、監督の采配や選手の結果を厳しく批判する人は少なく、「また頑張ってほしいですね」と激励するのみで終わってしまうことが多いのだが、「それで本当におもしろいのか？」と感じてしまうのは、私だけだろうか。

こうはっきりしたもの言いをすると、「里崎は過激だ」「野球はもっと冷静に見るスポーツだ」などと言うファンもいるかもしれないが、チャンスの場面で打者が凡退しても、あるいはピンチの場面で投手が打たれても、選手が悔しさを表情に出すこともなく淡々としている姿をつくりだしたのは、ほかならぬ野球ファンであるのではないかと思っている。

三振して悔しさのあまりバットをへし折る、ノックアウトされてベンチでグラブを投げつける。こうした行為が映像に映し出されると、「子どもの教育によくない」「マナーがなってない」と非難する人たちが一定数いる。最近のプロ野球選手は、どうもこの一部の人たちの目を気にするあまり、聖人君子のような立ち居振る舞いをしているのではないか。

プロ野球は、スポーツであると同時に、エンターテインメントの一面を持った世界でもある。だからこそ、もっと荒々しい選手がいてもいいと思うし、ビッグマウスを吐き散らす選手だっていたっていいと思う。

これは、野球のおもしろさを伝えなくてはいけないマスコミ側にも問題がある。私のところに、「最近の野球人気の低下について、どうお考えですか？」と聞きにきた人がいたが、「昔に比べて球場に行くお客さんが増えて、グッズ販売の売上も好調なのに、どこがですか?」と逆に訊《たず》ねると、「昔に比べて野球をする子どもの数が減っているから」と言う。「少子化が進み、野球以外の競技の選択肢も増えたいま、何を寝ぼけたことを言っているんだろう」としか思えない。野球にかぎらず、もっともっと世間で起きていることを広く勉強してほしいと思うのは、私だけではないはずだ。

そこで、本書では、野球界で「いま、話題になっている、あるいはみなさんが疑問に思っているであろう出来事」について、余すところなくお話ししていくことにした。私の独断と偏見による考えもあるので、「それは違うだろう」と異論を挟みたくなる人もいるかもしれない。一方で、「たしかにそうだよな」と同調してくれる人や、「よく言ってくれた」と拍手喝采する人も出てくるかもしれないが、私は私で、「賛否両論があって当たり前。どちらの意見も聞きます」と心を広く構えているので、何も問題はない。

本書によって、球場で見る野球とは違ったおもしろさについて、私の目線から率直に感じていることを、読者のみなさんにお届けできたら幸いである。そうして、これまでとは違った角度から野球の魅力を知っていただき、新たに球場に足を運んでくださる野球ファンがひとりでも多く増えてくれたら、このうえない喜びである。

CNTENTS

令和 プロ野球ぶっちゃけ話

球界ニュースの見方が180度変わる本

第3章 なぜ、「新庄日本ハム」と「立浪中日」は差がついたのか？

令和時代に求められる監督像

第4章 なぜ、ポスティングシステムは物議を醸すのか？

「上沢式ＦＡ」があぶり出した本当の問題点

第1章

なぜ、第2の「古田敦也」「谷繁元信」「里崎智也」は現れないのか？

——球界にはびこる「正捕手」への誤解

「捕手を併用している」という指摘は大間違いだ

2024年あたりから、巷《ちまた》のプロ野球ファンのあいだで、こんな声が聞かれるようになった。

「どの球団も捕手を併用するようになったな」

昔のように各球団ともに絶対的な主力を張れる捕手がいなくなったため、2人ないしは3人で捕手を回しながら143試合の長丁場のシーズンを戦い抜いているということを言っているわけだ。

しかしながら、こんな話は、私に言わせれば、「いったい、どこを見て言ってるんだ?」である。令和の12球団の捕手を見渡して、なぜ、そこまで「併用している」と指摘しているのかが理解できないからだ。

そこで2024年シーズンの12球団の捕手として起用された選手の刺殺、補殺、失策、併殺、捕逸、守備率といった「捕手としての成績」を列挙していきたい［**図表1、2**］。

このように見ていくと、「捕手を併用して起用している」と言えるのはセ・リーグのほ

図表1 | セ・リーグの主な捕手成績（2024年シーズン）

チーム	選手名	試合数	刺殺	補殺	失策	併殺	捕逸	守備率
巨人	岸田行倫	79	519	77	3	5	6	.995
	大城卓三	45	275	22	0	3	3	1.000
	小林誠司	41	224	22	1	3	2	.996
	山瀬慎之助	2	15	2	0	0	0	1.000
阪神	梅野隆太郎	92	576	45	2	4	0	.997
	坂本誠志郎	63	379	42	2	3	0	.995
	長坂拳弥	4	5	2	0	0	0	1.000
	榮枝裕貴	1	2	0	0	0	0	1.000
DeNA	山本祐大	106	705	76	2	6	3	.997
	戸柱恭孝	27	147	10	0	1	0	1.000
	伊藤 光	26	146	12	1	2	1	.994
	松尾汐恩	8	32	7	0	0	0	1.000
広島	坂倉将吾	76	425	51	2	7	3	.996
	會澤 翼	52	311	21	0	2	1	1.000
	石原貴規	49	236	41	1	2	1	.996
ヤクルト	中村悠平	94	622	69	2	10	4	.997
	松本直樹	55	243	31	1	3	2	.996
	内山壮真	17	73	10	0	1	1	1.000
	鈴木 叶	2	4	1	0	0	0	1.000
	橋本星哉	1	1	0	0	0	0	1.000
中日	加藤匠馬	82	321	39	1	4	0	.997
	木下拓哉	71	372	30	1	4	2	.998
	宇佐見真吾	53	237	29	1	4	2	.996
	石橋康太	10	58	1	1	0	0	.983
	山浅龍之介	3	5	0	0	0	0	1.000
	味谷大誠	2	4	1	0	0	0	1.000

図表2 ｜ パ・リーグの主な捕手成績（2024年シーズン）

チーム	選手名	試合数	刺殺	補殺	失策	併殺	捕逸	守備率
ソフトバンク	甲斐拓也	117	826	72	1	5	4	.999
	海野隆司	51	279	19	1	2	2	.997
	谷川原健太	4	17	1	0	0	0	1.000
	嶺井博希	3	8	1	0	0	0	1.000
日本ハム	田宮裕涼	100	580	70	4	8	4	.994
	伏見寅威	61	365	34	2	5	0	.995
	郡司裕也	6	30	4	0	0	0	1.000
	清水優心	6	16	6	0	1	0	1.000
	梅林優貴	3	8	2	0	0	0	1.000
	進藤勇也	2	13	0	0	0	0	1.000
ロッテ	佐藤都志也	104	680	108	5	3	5	.994
	田村龍弘	51	297	38	3	4	1	.991
	松川虎生	2	10	2	0	0	0	1.000
	柿沼友哉	2	3	0	0	0	0	1.000
	寺地隆成	1	9	0	0	0	1	1.000
楽天	太田 光	94	533	50	3	2	0	.995
	石原 彪	66	270	45	1	5	3	.997
	田中貴也	17	28	3	0	1	1	1.000
	安田悠馬	14	51	6	0	2	0	1.000
	堀内謙伍	4	13	1	2	0	0	.875
オリックス	若月健矢	96	672	82	4	9	3	.995
	森 友哉	50	339	34	1	2	2	.997
	石川 亮	13	26	3	1	0	0	.967
	福永 奨	11	53	3	0	1	2	1.000
西武	古賀悠斗	104	585	79	2	7	5	.997
	炭谷銀仁朗	48	224	20	1	0	3	.996
	柘植世那	42	112	21	0	0	1	1.000
	牧野翔矢	7	25	3	0	1	1	1.000
	古市 尊	4	11	1	0	0	1	1.000
	岡田雅利	1	0	0	0	0	0	.000

うが多く、パ・リーグは少ない。

セ・リーグは読売《よみうり》ジャイアンツ（以下、巨人）、広島カープ、東京ヤクルトスワローズが、パ・リーグは北海道日本《にっぽん》ハムファイターズが併用しているように感じるものの、それ以外の8球団は、ほぼほぼ併用ではなく、正捕手でシーズンを戦うなか、控えの捕手が出場するというケースが見られる。

私の現役時代から存在した正捕手の「休養日」

それでは、私が現役のときはどうだったのか。いまと同じようにレギュラークラスの捕手を軸にシーズンを戦っていたし、休養日を設けるなどということもしばしばあった。

たとえば、1980年代から2000年代にかけての12球団の正捕手を見ていくと、1980年代から1990年代半ばまで西武《せいぶ》（現・埼玉西武）ライオンズの黄金期に扇の要として君臨していた伊東勤《いとうつとむ》さんは、全試合出場を果たした年は一度もなく、110台から120台の試合出場が多かった。

また、ヤクルトの古田敦也《ふるたあつや》さんは、現役時代の18年間で全試合出場を果たしたのは19

93、1995、1997年の3シーズンだけである。ルーキーイヤーの1990年から2004年までは、ケガで戦線離脱した1994年を除くと、100台から130台の試合出場だった。

さらに、横浜（現・横浜DeNA）ベイスターズ、中日《ちゅうにち》ドラゴンズで長く第一線で活躍し、NPB（日本野球機構）において歴代最高の3021試合出場を記録している谷繁元《たにしげもと》信《のぶ》さんであっても、全試合出場を果たしたシーズンは一度もなく、110台から140台の試合出場だった。

つまり、3人とも、シーズンの10〜20試合程度は控え捕手に任せていたところがある。これは当然のことだ。なんと言っても捕手は重労働だし、夏場になると1試合終えただけで体重が2〜3キログラム減ってしまうなどということもあった。

リード面やキャッチングやブロッキングなどの技術面にすぐれているだけでなく、体力がなくては務まらない。それが捕手というポジションの難しいところである。

これは私にも同じことが言えるし、ケガをしてから復帰したシーズンというのは、試合出場に際して、さらなるブレーキがかけられる。

あれは2004年のことだった。前年に規定打席に未到達ながら捕手として69試合に出場し、打率3割1分9厘、8本塁打という数字を残し、一軍でもバリバリやれると感じていたのだが、4月に左ひざの半月板《はんげつばん》を損傷し、およそ80%を切除する手術を行った。

のちにシーズン途中にどうにか復帰できたのだが、ドクターから、

「2日連続で出場するのはダメ」

とストップがかかってしまい、この年に監督に就任したボビー・バレンタインも、「オッケー、オッケー」と理解を示してくださったことで、この年は捕手として51試合の出場で終わってしまった。

しかし、これは私も納得していた。体がどんな状態であるかは、ほかならぬ自分がよくわかっている。試合に出場した翌日は下半身に違和感が生じたり、どこかコンディションが整っていなかったりする状態がシーズンを通して続いていた。

もし、このとき、無理をして2試合連続で試合に出場していたら、もっと早く私の体はガタがきて、引退も早まったかもしれない。

そう考えると、このときのドクターのアドバイスに加え、決して無理をさせなかったボビーの判断というのは正解だったと言える。

さらに、ボビーが監督をしたことで、猫の目打線に慣れなくてはならなかった。コッテ

が日本一になった2005年のケースで言えば、私が四番を打ったかと思えば、翌日は同じ年齢の橋本将《はしもとたすく》がマスクをかぶることもあったり、六番を打ったかと思えば、次の試合では七番以下の下位打線を打ったりと、ありとあらゆる局面に対応せざるをえなかった。「それで不満に思うことはなかったのか？」と聞かれれば、内心は100％納得していたわけではないが、「監督が決めたことだから」と言われてしまえば、「はい、わかりました」と理解せざるをえない。

それでも、試合に出れば、結果を残さなければ、次以降の試合で使ってもらえないし、不平不満に感じることがあれば、「とにかく試合で結果を残すこと」を私以外の全員の選手も理解してプレーしていたように思う。

「捕手併用制」のチームが増えた単純明快な理由

それでは、どうして捕手を併用するような状況が生まれてしまったのか。答えは単純明快。「打てないから」。このひと言に尽きる。

ここで12球団のレギュラークラスの「捕手として試合出場した2024年の打撃成績」

を見ていく。代打や指名打者、ほかのポジションで出場した打撃記録は含まない［**図表3**］。

このように見ていくと、12球団のレギュラークラスの捕手で、打率2割5分以上打っているのはDeNAの山本祐大《やまもとゆうだい》（2割8分5厘）、広島の坂倉将吾《さかくらしょうご》（2割9分4厘）、日本ハムの田宮裕涼《たみやゆあ》（2割7分8厘）、ロッテの佐藤都志也《さとうとしや》（2割6分8厘）の4人である。

坂倉はトータルで121試合に出場して打率2割7分9厘という成績を残しているから、一打者として見た場合も及第点以上の成績と言える。

一方で、巨人の大城卓三《おおしろたくみ》はトータルで96試合に出場して打率2割5分4厘という数字を残しているが、捕手で出場した場合の打撃成績はトータルを下回る。

もともと大城はバッティングの技術力があると定評があるが、こと捕手で試合出場したときには、その持ち味が発揮されていない。

捕手は、守備面では、いろいろ考えることが多いポジションだ。それゆえに守備面の負担がバッティングにも影響をおよぼしているのではないかと考えるのも不思議ではない。

図表3 | 捕手として出場した試合の打撃成績（2024年シーズン）

セ・リーグ

チーム	選手名	試合	打率	本塁打	打点
巨人	岸田行倫	72	.233	4	25
	大城卓三	34	.225	1	9
阪神	梅野隆太郎	81	.215	0	15
	坂本誠志郎	62	.224	0	12
DeNA	山本祐大	99	.285	5	37
広島	坂倉将吾	64	.294	7	23
	會澤 翼	49	.286	0	13
ヤクルト	中村悠平	91	.240	0	23
	松本直樹	39	.262	0	9
中日	加藤匠馬	38	.168	0	2
	木下拓哉	58	.232	3	9

パ・リーグ

チーム	選手名	試合	打率	本塁打	打点
ソフトバンク	甲斐拓也	102	.255	5	42
	海野隆司	38	.160	1	9
日本ハム	田宮裕涼	81	.278	3	28
	伏見寅威	52	.231	0	18
ロッテ	佐藤都志也	97	.268	4	39
	田村龍弘	44	.196	0	14
楽天	太田 光	81	.197	2	22
	石原 彪	52	.182	4	13
オリックス	若月健矢	87	.204	3	18
	森 友哉	47	.265	5	18
西武	古賀悠斗	91	.224	3	12
	炭谷銀仁朗	35	.203	0	6

「いい捕手」の定義は「リードがいい捕手」という大誤解

そこで考えるのが、「いい捕手の条件」とは何かということである。

これは昔から議論されていることではあるが、ある人は「リードがいい」と言えば、またある人は「強肩で守備がいい」と言う。つまり、多くの人が「守備力があること」を挙げているが、私はそうは思わない。

たとえば、「リードがいい」と言う人に聞きたいのだが、「いいリードの定義とは何か？」と質問すると、明確に答えられないか、「ダメなリードはわかる」と言う人がいる。

これも、「インコースの使い方がヘタ」と言う人もいれば、「アウトコースの変化球を使うタイミングが悪い」と言う人もいるが、これらはすべて結果論でしかない。

もし、ダメなリードの定義があるのであれば、相手チームをノーヒットノーランに抑えたとしても、「あのリードは定義に当てはまらないから、たまたまだった」と批判する必要があるし、反対に相手チームに10点取られて負けたとしても、「あのリードは定義どおりだったから、責める必要はない。投手が悪かっただけだ」と称賛しなければならない。

だが、現実には、ノーヒットノーランに抑えれば称賛されるし、10点取られたら批判される。

つまり、結果だけを見て批評しているだけにすぎないのだから、「いいリードの定義」などないのだ。

それに、強肩であることは当然だし、ワイルドピッチやパスボールなどの捕逸をしないなどということは、評価する以前に「できて当たり前のプレー」である。

また、先に挙げた12球団の捕手の守備率を見ていただければおわかりかと思うが、レギュラークラス、あるいは2番手クラスの捕手の守備率は9割以上を誇る。このように見ていくと、守備の面では、そう大きな差がないことがわかる。

「いい捕手」の最低条件は「打てること」である

あえて私がいい捕手の条件を挙げるなら、「打てること」。このひと言に尽きる。

捕手ではないが、たとえば日本で２０１７安打して外国人として初めて名球界入りしたアレックス・ラミレスはＤｅＮＡに在籍していた晩年、「守れない」とレッテルを貼られたが、彼はヤクルト、巨人にいたころから守備はよくない。その証拠にヤクルト、巨人に在籍していた11年間の守備率は9割6分〜8分台を行ったり来たりしていた。

にもかかわらず、全盛期のころに「守れない」と言われなかったのは、ひとえに「打てていた」からだ。

ヤクルト時代の2003、2007年と巨人時代の2009年にはセ・リーグ最多安打を記録し、巨人に在籍していた4年間のうち3シーズンで3割を記録。2010年には49本塁打、129打点を記録して打撃タイトルの2冠を獲得した。

それが、翌2011年には23本塁打、73打点と持ち味の長打力に衰えが見え始め、DeNAに移籍した2012年も76打点を記録したものの、期待されていた本塁打は19本にとどまり、2013年にいたっては56試合の出場で打率1割8分5厘、2本塁打、14打点と目に余るほどの衰えを見せたことで引退に追い込まれた。

捕手で言えば、森友哉《もりともや》がそうだ。2022年オフにFA（フリーエージェント）で西武からオリックス・バファローズに移籍してからは、シーズンを通した成績では、2023年は110試合に出場し、打率2割9分4厘、18本塁打、64打点、2024年は117試合に出場し、打率2割8分4厘、9本塁打、64打点と、前のシーズンより本塁打が9本減ったことで「打てない」と言われず、なおかつ「リードが悪い」とも言われなかった。

一方で、彼が西武にいた2020年は、「リードが悪い」と言われていた。その最大の理由は「打てていなかった」からだ。

秋山翔吾《あきやましょうご》（現・広島）、浅村栄斗《あさむらひでと》（現・東北楽天《らくてん》ゴールデンイーグルス）、山川穂高（現・ソフトバンク）らと「山賊打線」を形成していたころはバッティングで貢献していたし、事実、西武が2018、2019年とパ・リーグで2連覇を果たしたときと、2020年の打撃成績は、

2018年＝136試合出場、2割7分5厘、16本塁打、80打点
2019年＝135試合出場、3割2分9厘、23本塁打、105打点
2020年＝104試合出場、2割5分1厘、9本塁打、38打点

となっている。とくに2019年シーズンは首位打者とパ・リーグMVPのタイトルを獲《と》っているだけに、「打てること」と言うには十分すぎるほどの成績を残している。

過去の名捕手に目を向けても、やはり「打てること」を前提に挙げている場合が多い。

たとえば、現役時代に戦後初の三冠王に輝いた野村克也《のむらかつや》さんは言わずもがな、2000安打以上を記録した古田敦也さん、谷繁元信さん、2000安打は打っていないものの、ダイエー～ソフトバンクホークス、シアトル・マリナーズ、阪神《はんしん》タイガースで強打で鳴らした城島健司《じょうじまけんじ》は、「名捕手と呼ばれる人はバッティングがいい」という条件が当てはまっている好例と言える。

チームを優勝に導けない捕手は「いい捕手」とは評価されない

「打てること」以外にもうひとつ、名捕手の条件を挙げるなら、「チームを優勝に導いていること」であることは間違いない。

代表的なのは西武の伊東勤さんである。22年間におよぶ現役生活のなかで、2379試合に出場し、通算1738安打、156本塁打、811打点という数字もすばらしいが、伊東さんが現役のころの西武は、リーグ優勝14度、日本一8度という桁違いの成績を成し遂げた。「チームを優勝に導いた」ということに誰もが異論を挟めない成績である。

昭和で言えば、森祇晶《もりまさあき》さんの名前が真っ先に挙げられる。通算1341安打、81本塁打、

582打点という数字は、伊東さんより落ちるものの、巨人時代のV9（1965〜1973年）はもとより、現役生活20年間のうち、リーグ優勝16度、日本一12度というのは、この先、出てこないのではないかとさえ思えてくる。

この森さんが西武でヘッドコーチを務めた1982年から1984年、監督を務めた1986年から1994年まで、伊東さんも同じ時代を過ごされた。この間の西武はリーグ優勝10度、日本一8度という、まさに黄金期の成績を残した。これを見ても十分に名捕手と言えるはずだ。

だが、打てない、あるいはチームを勝てさせられない捕手は名捕手とは言われない。

たとえば、横浜、ヤクルト、巨人で、現役通算19年間で1150安打を記録した相川《あいかわ》亮二《りょうじ》は、2004年のアテネ・オリンピック、2006、2013年のWBC（ワールド・ベースボール・クラシック）に選出されているものの、「名捕手」という声が上がってこない。

これは彼自身が一度もリーグ優勝、日本一を経験していないことが要因であると考えている。

私の個人的な見解で言えば、相川は名捕手の部類に入ると思っているが、世間からそうした声が聞こえてこないのは、前出のような理由が挙げられるからだ。

巨人にFA移籍した「甲斐キャノン」に求められること

令和で名捕手と言える筆頭格は、ソフトバンクから2024年オフにFAで巨人に移籍した甲斐拓也《かいたくや》になるのは間違いない。

その強肩から「甲斐キャノン」の異名を取った彼がレギュラーに定着した2017年から8年間で、ソフトバンクはリーグ優勝3度、日本一4度という成績を残した。

その間、ベストナイン3度、ゴールデングラブ賞7度という実績は、すばらしいのひと言である。

このほかにもリーグ優勝3度、日本一1度、WBCの世界一にも貢献したヤクルトの中村悠平《なかむらゆうへい》や、オリックスのリーグ優勝3連覇に貢献した若月健矢《わかつきけんや》なども評価できる。

いずれも共通しているのは、「チームを優勝に導いた」という点だ。

反対に、評価が分かれるのは巨人の小林誠司《こばやしせいじ》である。

社会人の日本生命から2013年にドラフト1位で入団後は長年、「強肩でリードがいい」と言われてきたものの、彼が来て以降の巨人は、リーグ優勝4度を達成しているが、2014年は阿部慎之助《あべしんのすけ》（現・巨人一軍監督）がいてのチーム成績だったし、2019、2020年は大城卓三、2024年は岸田行倫《きしだゆきのり》が主戦として働いてこその結果だった。

たしかに、小林はいい捕手であることは間違いないが、打てないし、「チームを勝たせた」という点でも、及第点を与えるまでにはいたっていない。

甲斐は、先ほどお話ししたように、FAで巨人に入団した。

小林、大城、岸田もいい捕手ではあるものの、「チームを日本一に導けなかった」という点では、彼ら3人に対して阿部監督はもの足りなさを感じていたに違いない。

甲斐を補強したのは賛否が分かれたところだったが、「日本一を経験している」甲斐の経験値を評価したというのも理解できる。

2025年シーズンは、甲斐が入ったことで、巨人の捕手がどうなるのか。この点は注目に値する。

ここでは捕手の併用制についてお話ししてきたが、大前提にあるのは、「打てること」「チームを優勝に導けること」。この二つが大事になってくるというのが、私の結論である。

第2章

なぜ、ポストシーズンで「下剋上」が起こるのか？

——本当は「法則」などない逆転のプロ野球史

「2度目の下剋上」を果たしたDeNAの戦いぶりを振り返る

２０２４年シーズンに日本シリーズで勝って日本一となったのがＤｅＮＡだったのは記憶に新しい。

ペナントレースこそ巨人、阪神に次いで３位だったものの、ＣＳ（クライマックスシリーズ）ファーストステージで阪神に２連勝し、続くＣＳファイナルステージでは巨人に対して一歩も引かず、勝負を決する第６戦では最終回の二死一、二塁という場面で、牧《まき》秀《しゅう》悟《ご》が菅《すが》野《の》智之《ともゆき》からセンター前にタイムリー安打を放って３対２と勝ち越し、そのまま逃げ切った。

日本シリーズではペナントレースとＣＳファイナルステージで圧倒的な力を見せつけたソフトバンクが有利と見られていた。

実際、横浜スタジアムで開催された第１戦は、二回表のソフトバンクの攻撃で、二死満塁から先発の有原航平《ありはらこうへい》がセンター前にタイムリー安打を放って２点を先制。九回表も４本の長打で３点を取って試合を有利に進め、５対３でソフトバンクが勝利した。

続く第2戦も、リバン・モイネロが6回3分の2を3失点にまとめ、そのあとは尾形《おがた》崇斗《しゅうと》、ダーウィンゾン・ヘルナンデス、ロベルト・オスナのリレーでＤｅＮＡ打線を無失点に抑えて6対3で勝利する。

ここまでは下馬評どおりにソフトバンクが実力を発揮してＤｅＮＡに連勝し、舞台を移動した福岡でそのまま勝負が決まるかもしれないという空気が漂い始めた。

だが、ここからＤｅＮＡは攻勢に出た。

みずほPayPayドーム福岡で行われた第3戦は、ＤｅＮＡの先発の東克樹《あずまかつき》が毎回のように安打を打たれて走者を背負うも、7回1失点に抑えた。打線もトップバッターの桑原将志《くわはらまさゆき》が五回表に左中間に勝ち越し本塁打を放つなど奮起し、最終的には4対1でＤｅＮＡがこのシリーズ初勝利を飾った。

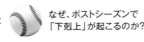

続く第4戦は、四回表にタイラー・オースティンのソロ本塁打で先制したあと、七回表に3本の長短打と二つの四球で一挙に4点を奪った。投げては先発のアンソニー・ケイが7回無失点に抑え、続く坂本裕哉《さかもとゆうや》、Ｊ・Ｂ・ウェンデルケンのリレーで5対0の完封勝利を飾った。

第5戦も、ＤｅＮＡのペースで試合は進んだ。三回表に4本の集中打で1点を先制すると、四回表には牧の3点本塁打が飛び出し、さらに九回表にも3点を取ってソフトバンクを突き放し、投げてはアンドレ・ジャクソンが7回を無失点に抑え、最終的には7対0で、2試合連続でソフトバンクに完封勝利を収めた。

DeNAの勢いは止まらなくなった。

第6戦は、舞台を再び横浜スタジアムに移し、雨で1日順延となってしまったものの、二回裏に筒香嘉智《つつごうよしとも》がセンターバックスクリーンに先制本塁打を放つと、その後も4本の長短打で2点を追加。五回裏には11人の打者の猛攻で一挙に7点を取り、試合を決定的にした。その結果、11対2でDeNAが勝利し、1998年以来、26年ぶり3度目の日本一に輝いたのだった。

もともとDeNAは大型連勝と大型連敗を繰り返すチームだ。勢いのあるときはイケイケドンドンとばかりにお祭り野球をする一方、いったん投打の歯車が狂うと、途端に連敗に次ぐ連敗を喫するというチームだ。

このムラッ気のあるところがDeNAの特徴と言えばそれまでだが、最終的にはシーズン成績は貯金2で、どうにかAクラスに潜り込むまでの勝敗数となってしまった。

だが、日本シリーズの戦い方は、まさにDeNAの野球を象徴するような勝ち方だった。

第2戦までで勢いがなくなったかに見えたが、第3戦以降は見違えるほどによみがえり、ソフトバンクを一蹴したのである。

「2010年のロッテ」と「2024年のDeNA」の共通点とは

DeNAの3位からの日本一達成によって突如としてクローズアップされたのが、私が現役時代に所属したロッテで2010年に成し遂げた下剋上である。

このときのロッテは、2024年のDeNAと同様に3位から勝ち上がり、1、2戦目をナゴヤドーム（現・バンテリンドーム ナゴヤ）、3戦目から5戦目を千葉マリンスタジアム（現・ZOZOマリンスタジアム）、6、7戦目を再びナゴヤドームで戦い、最終的には4勝2敗1分という成績で日本一となった。

このときによく聞かれたのは、「中日に勝つために、何か秘策があったのか？」ということだったが、私に言わせれば、「それはない」というのが本心である。

たしかに、日本シリーズに出場することが決まってからは、中日についての研究や分析はやった。

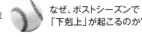

当時の中日は最少得点を強力な投手陣が守り抜くという戦い方をしていたので、投手はもちろんのこと、司令塔となる谷繁元信さんの配球の傾向についても逐一研究していたのは事実だ。

しかし、それをしたからと言って、必ずしも勝てるとはかぎらない。「勝負は時の運」という言葉があるように、紙一重でロッテが勝ったという考え方だってできる。

そこで、「下剋上を成し遂げるには、何か法則や方法があるのか?」ということだが、結論から申し上げると、私は「それはない」と考えている。その理由について、お話ししていきたい。

2、3位チームが1位チームに勝って日本シリーズに進出したパターン

2004年から2006年までの3年間、パ・リーグのみで行われたプレーオフを除き、2007年以降にCSとなって以降、2024年までの18年間で、2位以下のチームが1位チームに勝って日本シリーズに進出したのは七つのパターンである【**図表4**】。

ひとつだけ注釈をつけておくと、2004年と2005年は、リーグ優勝の考え方が次

図表4 ｜ ペナントレース2・3位チームが日本シリーズで優勝した例

年	ペナントレース（☆はCS優勝）			日本シリーズ	
	1位	2位	3位	勝敗	対戦相手
2007	巨人	☆中日	阪神	●○○○○	日本ハム
2010	ソフトバンク	西武	☆ロッテ	○●○●○△○	中日
2014	巨人	☆阪神	広島	○●●●●	ソフトバンク
2017	広島	阪神	☆DeNA	●●●○○●	ソフトバンク
2018	西武	☆ソフトバンク	日本ハム	△●○○○○	広島
2019	西武	☆ソフトバンク	楽天	○○○○	巨人
2024	巨人	阪神	☆DeNA	●●○○○○	ソフトバンク

のとおりだった。

2004年のペナントレースはダイエーが1位、2005年もダイエーから親会社が変わったソフトバンクが1位となったが、日本シリーズには2004年は西武、2005年はロッテが進出している。

これは2004年から2006年までパ・リーグのみ開催されたプレーオフがあったからである。

当時のプレーオフは、レギュラーシーズン年間135試合（2004年はストライキが実施されたため、実際は133試合）の上位3チームが進出し、日本シリーズ出場権を懸けて争うトーナメントだった。

まず、レギュラーシーズン2位チームと3

位チームが3試合制によって対戦し、2勝先勝したチームが第2ステージに進出。

次に、第1ステージの勝者とレギュラーシーズン1位チームが5試合制によって対戦し、3勝先勝したチームがパ・リーグの年間優勝となり、日本シリーズ出場となる。

また、1位チームがレギュラーシーズンで第1ステージの勝者に5ゲーム差以上をつけていた場合、1位チームには1勝のアドバンテージが与えられた。これだけは付け加えておく。

「下剋上」という言葉を使っていいのは3位から勝ち上がったときだけだ

2007年以降の7例を見ていくと、2007年の中日は第1ステージで阪神に7対0、5対3で連勝し、続く第2ステージでは巨人と対戦して5対2、7対4、4対2とストレートで破って日本シリーズに進出。そこでも日本ハムを4勝1敗と寄せつけず、見事に52年ぶり2度目の日本一に輝いたものの、2位から勝ち上がってきたということもあって、「下剋上」というような言われ方はされていない。

また、2018、2019年と2年続けて2位となったソフトバンクは、いずれも1位でリーグ優勝を果たした西武にCSファイナルステージで勝って、続けて日本一を果たしたが、2007年の中日と同様、2位から勝ち上がってきたうえに、「ソフトバンクはもともと地力があるから」という理由もあってか、下剋上とは言われていない。

つまり、下剋上は「何ひとつアドバンテージがないところから勝ち上がって日本一にたどり着く3位から」というのが大方の野球ファンの見方となる。

そのうえで、2010年のロッテと2024年のDeNAでは戦い方に共通点があったのかと聞かれれば、「ない」と言い切れる。

なぜ、そのように言い切れるのか、両チームが日本一になるまでの、戦い方を見ていきたい。

まずは2010年のロッテである［**図表5**］。

こうして勝ち進んだ末の日本一だったと言われても、いま振り返ってみても、「そうだった な」という思いが強いだけで、「あの試合に勝てたから……」「あの場面のピンチを切り抜けたから……」などという思いもない。

スコアだけ見れば、CSファイナルステージだって、第3戦までに実質3敗してしまって、あとがないところまで追い込まれていたのだから、そこで負けてもおかしくなかったが、4戦目を勝ってなんとか踏ん張り、5戦目、6戦目も勝ち抜いて、日本シリーズに進出できた。

一方、当時のソフトバンクは、2004、2005、2006年と3年連続でプレーオフに負けて日本シリーズに負け続けたという苦い経験がある。

2004、2005年のシーズン成績は、ソフトバンクは1位で勝ち抜けた。2006年こそシーズン成績は3位で、第1ステージを2勝1敗で西武を倒したものの、日本ハムとの最終ステージで敗退。

2007、2009年もCSファーストステージで敗退と、6年間で5度も日本シリーズ進出の壁に阻まれた。

この時期は、「ソフトバンクはポストシーズンに弱い」というレッテルが貼られていたことがあったのも、また事実である。

だからこそ、ソフトバンクは第3戦を勝って王手をかけたとき、相手の選手たちは、私たちが思う以上に、「なんとしても勝たなければ」という意識が強すぎたあまりに、その後は硬くなってしまい、本来のプレーができなくなってしまったのではないかとも考えられる。

図表5 | 2010年のパ・リーグのポストシーズン成績

試合		球場	結果	備考
CS ファーストステージ	第1戦	西武ドーム	○ロッテ 6－5 西武●	
	第2戦		○ロッテ 5－4 西武●	
CS ファイナルステージ	第1戦	ヤフードーム	○ロッテ 3－1 ソフトバンク●	
	第2戦		●ロッテ 1－3 ソフトバンク○	
	第3戦		●ロッテ 0－1 ソフトバンク○	
	第4戦		○ロッテ 4－2 ソフトバンク●	
	第5戦		○ロッテ 5－2 ソフトバンク●	
	第6戦		○ロッテ 7－0 ソフトバンク●	
日本シリーズ	第1戦	ナゴヤドーム	○ロッテ 5－2 中日●	
	第2戦		●ロッテ 1－12 中日○	
	第3戦	千葉マリンスタジアム	●中日 1－7 ロッテ○	
	第4戦		○中日 4－3 ロッテ●	延長11回
	第5戦		●中日 4－10 ロッテ○	
	第6戦	ナゴヤドーム	△ロッテ 2－2 中日△	延長15回
	第7戦		○ロッテ 8－7 中日●	延長12回

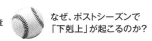

私が見たロッテが下剋上を成し遂げた舞台裏

それでは、どうして下剋上を成し遂げられたのか。私のなかでは、「変なプレッシャーがなく、『負けてもともと』の気持ちで戦っていたから」というのがいちばん大きかったと、当時を振り返ると、そんな記憶がある。

なにせ、このときのロッテの順位は3位だった。CSで対戦するのは、シーズンを2位で勝ち上がった西武、1位のソフトバンクである。

上位2チームしかいない分、「だったら、変な小細工をせずに、思い切って戦おう」という意識のほうが強かった。だから、CSファイナルステージで3勝3敗の五分五分になろうが、日本シリーズでも接戦になろうが、「負けてもともと」という状況が力みをなくし、結果がいい方向に転がっていったと言うのが正しい。

チームのなかには、「絶対に勝たなくちゃいけない」と妙にプレッシャーを感じている若手選手もいるにはいたが、そういう雰囲気が見て取れた場合には、

「そんなに緊張せんでもええやん。負けてもともとなんだから、結果を恐れず、思い切り

プレーすればいいんだよ。もっと力を抜いていこうや」と声をかけていた。すると、若手選手も、「あっ、実績のある先輩がそう言ってるんだから、それでいいのか」と変な力が抜け、思い切りプレーしていたように感じたし、実際に活躍した選手たちも若い選手が多かった。

そのうえ、ここからさかのぼること5年前の2005年には、日本シリーズで阪神を下したときのメンバーが残っていた。

投手で言えば、渡辺俊介《わたなべしゅんすけ》、薮田安彦《やぶたやすひこ》さん、小林宏之《こばやしひろゆき》、小野晋吾《おのしんご》さん、野手で言えば、福浦和也《ふくうらかずや》さん、サブロー、今江敏晃《いまえとしあき》、西岡剛《にしおかつよし》らがいた。

彼らが日本シリーズを経験していない若い選手たちにアドバイスを求められて自身の経験を伝え、若い選手たちが、それを力に変えていたということもありうる。

日本シリーズの7戦を振り返ると、延長になった試合が3試合もある。結果は1勝1敗1分だったが、負け越さずにイーブンでいけたことも大きいし、その原動力となったのは、「勝たなければいけない」「負けたらどうしよう」という焦りがなく、ひたすら目の前の1戦だけに集中して戦った結果、4勝2敗1分という成績で日本一になれたというのが、この年にロッテが日本一になったときの私の心境である。

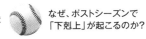

よく、スポーツライターと呼ばれる人が、「下剋上の勝ち抜き方」をテーマに、もの知り顔で語っていることがあるが、そのほとんどは的外れであることが多い。

なぜなら、彼らは、「あとからなんでも言える立場の人」というだけであって、当事者ではない。どんなに彼らが侃々諤々《かんかんがくがく》、議論しようとも、当事者の私からすれば、「そういうことじゃないんだよな」と思うこともしばしばある。そうしたこともあるということも触れておく。

CSの「勝ち上がり方」に法則はあるのか

DeNAの場合は、どうだったのか。CSファーストステージからの戦い方について、対戦相手の状況についての話を交えながら、あらためて見ていく［**図表6**］。

まず、阪神との対戦結果だが、CSファーストステージで3位チームが2位チームを倒すことは、決してめずらしいことではない。

ことセ・リーグについて言えば、2007年から始まったCSでは、48ページの図表のようなケースがあった［**図表7**］。

図表6 | 2024年のセ・リーグのポストシーズン成績

試合		球場	結果
CS ファーストステージ	第1戦	甲子園	○DeNA 3－1 阪神●
CS ファーストステージ	第2戦	甲子園	○DeNA 10－3 阪神●
CS ファイナルステージ	第1戦	東京ドーム	○DeNA 2－0 巨人●
CS ファイナルステージ	第2戦	東京ドーム	○DeNA 2－1 巨人●
CS ファイナルステージ	第3戦	東京ドーム	○DeNA 2－1 巨人●
CS ファイナルステージ	第4戦	東京ドーム	●DeNA 1－4 巨人○
CS ファイナルステージ	第5戦	東京ドーム	●DeNA 0－1 巨人○
CS ファイナルステージ	第6戦	東京ドーム	○DeNA 3－2 巨人●
日本シリーズ	第1戦	横浜スタジアム	○ソフトバンク 5－3 DeNA●
日本シリーズ	第2戦	横浜スタジアム	○ソフトバンク 6－3 DeNA●
日本シリーズ	第3戦	みずほPayPayドーム	○DeNA 4－1 ソフトバンク●
日本シリーズ	第4戦	みずほPayPayドーム	○DeNA 5－0 ソフトバンク●
日本シリーズ	第5戦	みずほPayPayドーム	○DeNA 7－0 ソフトバンク●
日本シリーズ	第6戦	横浜スタジアム	●ソフトバンク 2－11 DeNA○

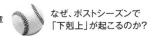

図表7 | セ・リーグ3位チームがCSファーストステージを突破した例

年	3位チーム	勝敗	2位チーム
2008	中日	○●○	阪神
2010	巨人	○○	阪神
2011	巨人	○●○	ヤクルト
2013	広島	○○	阪神
2016	DeNA	○●○	巨人
2017	DeNA	●○○	阪神
2018	巨人	○○	ヤクルト
2019	阪神	○●○	DeNA
2021	巨人	○○	阪神
2022	阪神	○●○	DeNA
2024	DeNA	○○	阪神

図表8 | パ・リーグ3位チームがCSファーストステージを突破した例

年	3位チーム	勝敗	2位チーム
2008	日本ハム	○○	オリックス
2010	ロッテ	○○	西武
2011	西武	○○	日本ハム
2012	ソフトバンク	○●○	西武
2013	ロッテ	○●○	西武
2014	日本ハム	○●○	オリックス
2015	ロッテ	○●○	日本ハム
2017	楽天	●○○	西武

CSが開催されて以降、18度中11度もあったのだ。3位チームが2位チームに勝利してCSファイナルステージに進む確率は、じつに6割1分1厘となる。

2位チームはホームで試合が開催されることが利点だとされているが、結果から見ると、利点になっているとは言いがたい。

そう考えると、阪神とDeNAの2連戦を見たときに、DeNAが勝利したというのは特段、驚くことでもないと言える。

ここからは余談だが、パ・リーグの場合を見ていくと、18度中8度だった［図表8］。3位チームが2位チームに勝利してCSファイナルステージに進む確率は、4割4分4厘となる。

ここ7年は3位チームが勝利していないところを見ると、パ・リーグのほうが、なんらかの対策ができているのかもしれないが、このあたりは、私の今後の研究材料としておく。

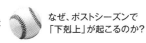

2024年の巨人がCSで敗退した「たったひとつの理由」

それでは、CSファイナルシリーズの巨人はどうだったのか。ここは分析しておく必要があるのだが、理由は明快だ。

「巨人には吉川尚輝《よしかわなおき》とエリエ・ヘルナンデスが不在だったこと」――この一点に尽きる。

２０２４年シーズンの吉川は巨人になくてはならない存在だった。シーズンを通してフル出場し、ベストナイン、ゴールデングラブ賞を受賞。守備面で大きな存在感を見せてくれた。バッティングでも、最終的には２割８分７厘、５本塁打、46打点、出塁率３割４分１厘、得点圏打率２割７分４厘と頼りになる存在だった。

その吉川が、９月26日のＤｅＮＡ戦で頭部付近の投球をよけた際に自身の右ひじで肋骨《ろっこつ》を強打し、その痛みの影響でＣＳファイナルステージには出場できなかった（のちに球団から「左第四肋骨肋軟骨《ろくなんこつ》移行部損傷」と発表される）。

そこで、ＤｅＮＡとの試合では、吉川以外の選手に頼らざるをえなかった。若い中山礼《なかやまらい》都《と》が、吉川の代役で出場した第５戦では決勝点となるソロ本塁打を放つ活躍を見せたが、６試合を通じて見たかぎりでは、チームとしては「二塁・吉川」の存在感のほうが大きかった。

また、ヘルナンデスもシーズン中の５月10日に途中入団というかたちになったが、２０２４年の巨人には欠かせない選手だった。56試合に出場し、打率２割９分４厘、８本塁打、

30打点、出塁率3割4分6厘、得点圏打率3割5分2厘という成績を残していた。途中入団でこれだけの成績を残していただけに、8月11日のバンテリンドーム ナゴヤでの中日戦で左手首を骨折してしまい、そのままシーズン終了となってしまったのは、ただただ残念である。

ちなみに、両者のDeNAとの対戦成績は、吉川は打率2割6分5厘、ヘルナンデスは2割3分3厘と通算打率を下回っているが、ポストシーズンになると、いったん頭のなかをリセットし、ペナントレースの成績のことを頭から切り離して試合に臨む選手もいる。

とくにヘルナンデスのような外国人選手だと、その傾向が顕著に表れ、ポストシーズンでは違った結果が出る可能性が高いので、もし二人が故障なくCSファイナルステージに出場していたら、結果は違ったものになっていたかもしれない——と私は見ている。

広島の「歴史的失速」がDeNAをCSに押し上げた

もうひとつ、DeNAが下剋上を果たしたことで、見逃してはならないことがある。それは、「広島がシーズン終盤に勝手にコケてくれたから、DeNAが3位に滑り込めた」

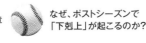

という事実だ。

多くの野球ファンは忘れている人も多いだろうが、広島は2024年8月31日時点では、2位の巨人に0・5ゲーム差、3位の阪神に4・5ゲーム差、4位のDeNAに6ゲーム差をつけて首位にいた。

新井《あらい》貴浩《たかひろ》監督も2年目となるシーズンで、投打ともに充実していたなかで、「6年ぶりのリーグ優勝達成となるのか？」と広島ファンは期待していたに違いない。

だが、まさかの悪夢が9月に入ってからあった。連敗に次ぐ連敗で、首位争いはおろか、2位、3位と順位を下げ、最終的には9月の月間成績が5勝20敗と大きく負け越し、10月上旬まで続いた残り4試合の成績と合わせると、この1カ月強の期間で7勝22敗と、信じられないほどの負け越しをしたのだ。

気づけば、最終成績は68勝70敗5分の勝率4割9分3厘で、優勝した巨人から10ゲームも引き離されての4位で終わった。

しかも、8月終了時点で首位にいたチームがシーズン終了時にBクラスで終わるのは史上初となったうえ、9月28日には巨人が広島の地元であるマツダスタジアムで8対1で勝利し、4年ぶり39度目のセ・リーグ制覇を目の前で見せられるという屈辱も味わった。

広島がここまで失速した原因は置いておくとして、とにもかくにも、広島が歴史的な失速をしてくれたおかげでDeNAが3位に滑り込めた事実には変わりがない。

仮に広島が9月を負け越したとはいえ、9月以降の残り29試合を14勝15敗の成績でいっていれば、最終的に勝ち星が七つ積み上がって、負け数が七つ減っていたことになる。

ということは、最終的に75勝63敗5分で、優勝争いが最後までどうなっていたのかわからなかった——ということも、ここに付け加えておきたい。

「CSは無意味」と主張するプロ野球ファンへの反論

一方で、一部の野球ファンのあいだからは、こんな意見も多く聞かれる。

「CSなんか無意味。そもそも、リーグ優勝しておきながら、CSで敗退してしまうと、優勝した喜びが消し飛んでしまう」

「ペナントレースとCSは、まったく別ものとして見るべきだ」

「そもそも、日本は12球団しかなく、アメリカと違って球団数が少ないにもかかわらず、上位3チームで日本シリーズ進出を争うのはいかがなものか—

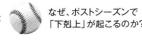

「1位と2位が10ゲーム以上離されていたのに、CSで引っくり返る可能性があるなんて、おかしくないだろうか」

どれも、もっともな意見のように聞こえる。ペナントレースで優勝したチームを応援していたファンが、CSでコロッと負けてしまうと、なんだか拍子抜けしてしまう気持ちもわからなくはないし、日本シリーズを見る気だって失《う》せてしまう気持ちも出てきてしまうだろう。

ただ、現状のルールのなかで異を唱える意見がNPB、もしくは12球団のオーナーを含めたフロント、さらには選手会のほうからは聞こえてこない。

ということは、いずれの組織も、「現状のルールのままで、とくに大きく変える必要はない」と考えていると見るべきだ。

私も現状のルールを変える必要はないと考えている。CSからの日本シリーズとなって18年間で、3位チームが日本シリーズまでコマを進めたのが3度、そのうち下剋上を果たしたのは2度である。

つまり、日本一になる確率は1割1分1厘であり、裏を返せば、8割8分9厘は負けているのである。これだけの数字の差があるなら、現行のルールのままでいったほうが、

「ひょっとしたら……」というギャンブル的な要素もあって、ちょうどいい塩梅《あんばい》のように感じている。

もちろん、1位チームを応援しているファンからしてみれば、「3位のチームなんかに負ける姿は見たくない」と思うはずだ。

だが、1位チームが日本シリーズに進出する確率が8割以上、3位チームが1割を超える程度となれば、「現状のルールのままでええやん」となってしまうのはいたしかたないのかなという気がしている。

いずれにしても、2025年シーズンも、ペナントレース後のポストシーズンは、どんな結果が待ち受けているのか、勝ち抜いたチームの状況を見比べ、私がここで示したデータ結果を見比べながら、ああだこうだと野球ファン同士で議論しながら見るのも一興ではないだろうか。

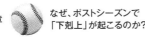

第3章

なぜ、「新庄日本ハム」と「立浪中日」は差がついたのか？

——令和時代に求められる監督像

「3年目」で期待に応えた日本ハム、期待を裏切った中日

2024年シーズンは、ともに2021年オフに新監督を迎えた日本ハムと中日で思い切り差がついた結果となった。

2022、2023年は両チームとも最下位。2024年シーズンは、日本ハムが2位で、中日は3年連続最下位。2021年秋に監督に就任した日本ハムの新庄《しんじょう》剛志《つよし》監督と、中日の立浪和義《たつなみかずよし》監督は、最後の1年で結果が違った。

なぜ、このような結果になったのか。最大のポイントは、「1年目は負けることを怖がらなかった日本ハム」と、「1年目から勝ちにいった中日」の違いがあると私は見ている。

そこで、2022年から2024年までの日本ハムと中日の戦いを振り返りながら、両チームの差となって表れた部分について検証していきたい。

まず取り上げるのは日本ハムである。新庄監督は監督就任会見を開いた2021年10月の段階で、

「優勝なんか目指しません」

と宣言した。それまでのプロ野球の歴史のなかで、どんなに弱いチームであっても、監督が新しくなれば、「今年は優勝を狙います」と必ず宣言していただけに、新庄監督のこの言葉は、私には驚きとともに、妙に新鮮に聞こえたが、野球評論家のあいだでも賛否両論だった。

「ファンも見ているのだから、『勝つ』って言わなきゃダメだろう」という声もあれば、「たしかに勝てる戦力じゃないよな。そうなると、ああいうセリフになっちゃうかもな」と半ば同情的に見てくれる人と、当時を振り返ると、新庄監督のこのコメントに対して意見が割れていたように思う。

そうして、いざシーズンに入ると、チームは失敗に次ぐ失敗の連続だった。開幕戦は前年にドラフト8位で入団したルーキーの北山亘基《きたやまこうき》を起用したものの、ソフトバンクに逆転負けを喫し、10試合で1勝9敗、3月と4月で9勝19敗と、大きく負け越した。

4月終了時には首位の楽天に10ゲーム差と引き離されて最下位に沈み、シーズンを通して浮上することはなかった。最終成績は、59勝81敗3分、勝率4割2分1厘という成績だった。

続く2023年シーズンも苦戦を強いられた。この年から日本ハムは札幌《さっぽろ》ドームから北《きた》広島市《ひろしま》にあるエスコンフィールドHOKKAIDOにホームを移転したが、7月6日から15日まで7試合連続で1点差負けを喫したり、同じ7月には球団最長タイとなる13連敗という不名誉な記録を残したりした。

そうして最終的には60勝82敗1分、勝率4割2分3厘で、リーグ3連覇を果たしたオリックスとは27・5ゲームもの差がつく最下位だった。

ところが、監督就任3年目となる2024年シーズンは違った。開幕から投打が嚙《か》み合い、4月末時点で首位のソフトバンクとは3・5ゲーム差の2位となった。

その後はロッテに抜かれて3位になったり、ソフトバンクに引き離されたりするも、シーズン終盤まで好成績が続き、最終的には75勝60敗8分、勝率5割5分6厘で、優勝したソフトバンクには13・5ゲーム差と引き離されるも、2位に終わったのだ。

データで読み解く
「新庄日本ハム」の進化の秘密

なぜ、日本ハムは2024年に躍進できたのか。私は攻守にわたってレベルアップできたことに尽きると思っている。

図表9 ｜「新庄日本ハム」の守備面のデータ

年	防御率	失点数	守備率	失策数
2022	3.46 (5)	534 (5)	.984 (5)	86 (5)
2023	3.08 (3)	496 (3)	.982 (6)	94 (6)
2024	2.94 (3)	485 (3)	.986 (5)	75 (5)

＊( )内はリーグ順位

それを確認するためにも、2022年から2024年までの守備面（防御率、失点数、守備率、失策数）のデータを見ていきたい【**図表9**】。

防御率、失点数、守備率、失策数ともに、すべての数字が改善されている。防御率は2年で0・5以上もよくなり、失点数についても50点以上減っている。

つまり、新庄監督が就任した3年間で、「相手に点を与えない野球」が浸透してきたことがわかる。

続いて2022年から2024年までの攻撃面（打率、本塁打数、四球数、盗塁数、得点数）のデータを見ていきたい【**図表10**】。

このように見ていくと、3年間で打率、本

図表10 ｜「新庄日本ハム」の攻撃面のデータ

年	打率	本塁打数	四球数	盗塁数	得点数
2022	.234 (4)	100 (4)	352 (6)	95 (3)	463 (6)
2023	.231 (6)	100 (4)	397 (4)	75 (3)	464 (5)
2024	.245 (3)	111 (2)	348 (6)	91 (1)	532 (2)

＊( )内はリーグ順位。四球数は申告敬遠を除く

塁打数、得点数が増えていったことがわかる。そのうえ、盗塁数も2023年は75個だったが、2024年は91個までに増え、足を使った攻撃パターンを確立して得点を増やしていったことが挙げられる。

新庄監督の采配の特徴としては、1年目はケガをしていた選手以外、一、二軍を問わず、すべての選手を一軍の試合で起用して選手の能力を見きわめる一方、監督自身も采配について学んでいったように感じた。

たとえば、無死満塁の場面でヒットエンドランをしかけてみたり、あるいは一死一、二塁の場面でダブルスチールをしかけてみたりと、野球のセオリーにはない奇策に次ぐ奇策を積極的に用いてきた。

それができたのも、「負けてもいい」と、ある意味、腹をくっていたことで、思い切った策を試してみたのだろうと思う。

たとえ失敗したとしても、

「あっ、この場面でダブルスチールをしかけたらいけないんだな」

「ここは打ちにいかせず、待ったほうがいいんだな」

などということを一つひとつ学んでいった結果、2024年の成績につながったのではないかと推察している。

郡司裕也を捕手ではなく三塁に抜擢した理由

もうひとつ、新庄監督の采配で注目したいのが、「実績のない、若い選手たちを思い切って抜擢《ばってき》したこと」である。

2024年を見ていても、チームの中心打者として君臨している万波中正《まんなみちゅうせい》（2018年ドラフト4位）、入団6年目の捕手の田宮裕涼（2018年ドラフト6位）、上川畑大悟《かみかわばただいご》（2021年ドラフト9位）、水野達稀《みずのたつき》（2021年ドラフト3位）と枚挙にいとまがないほど多くの若手がシーズンを通してすばらしい活躍を遂げた。

さらに、注目したいのは、主に三塁を守った郡司裕也《ぐんじゆうや》である。慶應義塾《けいおうぎじゅく》大を経て2019年にドラフト4位で中日に入団。中日時代は「強打の捕手」として期待されたが、思うような成績が残せず、一軍と二軍を行ったり来たりしていた。

そんななか、2023年6月19日に日本ハムにトレードで移籍するのだが、ここから彼のサクセスストーリーが始まった。

6月30日に一軍に昇格すると、いきなりこの日のオリックス戦で「二番・DH（指名打者）」で起用。7月2日にプロ入り初となる猛打賞を記録すると、2日後のソフトバンク戦で和田毅《わだつよし》からプロ入り初の本塁打を放った。

最終的に、2023年は自身最多となる56試合に出場し、打率2割5分3厘、3本塁打、19打点という数字を残した。

この結果を受け、一部の野球ファンから、

「日本ハムに移籍したから活躍できた」

「中日にいたままだったら、いまごろはまだ二軍暮らしが続いていたか、ひょっとしたら育成契約に切り替えられていたかもしれない」

などと揶揄《やゆ》されていたが、郡司が活躍したことで、新庄監督と立浪監督の違いが如実に表れた。

それは、立浪監督は「捕手としての郡司が通用するかどうか」を見ていたが、新庄監督は「郡司は捕手以外のポジションで活躍できるのか」という視点で判断していた。

実際に2024年は春季キャンプ時点から郡司を三塁に起用した。期待していた清宮幸太郎《きよみやこうたろう》が自主トレ中の負傷で三塁ができなくなったことから、郡司みずから挑戦を熱望していたからだが、新庄監督は彼のアピールを否定することなく、「三塁、やってみようか」と提案し、郡司が受諾。

その結果、春季キャンプ、さらにはオープン戦で結果を出し、開幕5戦目のソフトバンク戦で第1号の本塁打を放つと、その後はレギュラーの座を射止め、最終的には127試合に出場し、打率2割5分6厘、12本塁打、49打点とキャリアハイの成績を残した。

どうして郡司は中日では三塁で起用されなかったのか。それは立浪監督以下の首脳陣が、ほかに守らせたい選手がいたからだ。

郡司が在籍していた当時の中日の三塁手は石川昂弥《いしかわたかや》がいた。高校時代は地元の東邦《とうほう》のエースとして2019年春のセンバツで優勝投手となり、この年のドラフト1位指名で中日に入団した。

それだけに、球団としても将来性豊かな金の卵を野手としてホットコーナーを守らせ、スター選手として育てたかった。郡司は二軍では一塁や外野を守っていたが、立浪監督をはじめとした首脳陣は、「郡司に三塁を守らせる」という起用はしなかった。

ところが、新庄監督は違った。郡司の打力を生かすべく、捕手以外のポジションも模索してみた。それが三塁や外野での起用につながったのだ。

新庄監督は、「彼はバッティングの才能があるんでね。どの打順だって結果を出してくれる」とコメントしていたとおり、7月31日のオリックス戦では二番で起用されてサヨナラ本塁打を放った。

この試合後、「いざというときにバントもできるし、エンドランもできるし、長打もあるし」というコメントを残した新庄監督は、郡司を相当、信頼していたことがうかがえる。

郡司が中日から日本ハムに移籍したとき、これほどまでの中心選手になるとは、中日関係者は誰も想像していなかったはずだ。

苦戦続きだった「立浪中日」の3年間

一方の中日に注目してみると、２０２２年シーズンは１９７５年以来47年ぶりのホーム開幕３連敗を喫した。その後も５月に７連敗、６月に２度の６連敗など苦戦が続き、６月23日以降は最下位から脱出できないまま、66勝75敗２分、勝率４割６分８厘で、優勝したヤクルトとは15ゲームも引き離されてシーズンを終えた。

２０２３年はチームの課題となっている得点力不足の解消のため、ＭＬＢ（メジャーリーグベースボール）出場経験のあるアリスティデス・アキーノと、２０１８年から３年間、中日に在籍したソイロ・アルモンテを獲得。さらに、前年12月にＮＰＢ史上初めて開催された現役ドラフトでＤｅＮＡから細川成也《ほそかわせいや》も獲得し、前年の汚名返上に燃えていた。

だが、４月末時点で最下位となり、５月と６月には５位に上がるも、７月以降は最下位が定位置となり、優勝した阪神とは29ゲームも引き離され、56勝82敗５分、勝率４割６厘と低迷した。

投手陣に目を向けると、柳裕也《やなぎゆうや》（11敗）、涌井秀章《わくいひであき》（13敗）、小笠原慎之介《おがさわらしんのすけ》（12敗、現ワシントン・ナショナルズ)、髙橋宏斗《たかはしひろと》(11敗)と球団では50年ぶりとなる2桁敗戦投手を4人も輩出する不名誉な記録もついた。

そうして迎えたのが2024年だった。4月9日には8年ぶりの単独首位に立ち、「3年ぶり5連勝」「3年ぶり貯金4」と景気のいい見出しに中日ファンは盛り上がった。だが、その勢いは長続きせず、5月から8月まで5位が定位置となる。最後で最下位となり、60勝75敗8分、勝率4割4分4厘、優勝した巨人とは16・5ゲームも引き離され、立浪監督はユニフォームを脱ぐこととなった。

データで読み解く「立浪中日」のアキレス腱

日本ハムとは違って、なぜ中日は3年連続で最下位に沈んでしまったのか。ここでは、その理由について分析していくためにも、まずは2022年から2024年までの守備面(防御率、失点数、守備率、失策数)のデータを見ていくことにする［**図表11**］。

投手を含めた守備面では、まずまずの成績を残している。防御率、失点数ともに減っているし、このあたりは鍛えられているなという印象がある。

図表11 ｜「立浪中日」の守備面のデータ

年	防御率	失点数	守備率	失策数
2022	3.28(2)	495(2)	.988(1)	66(2)
2023	3.08(2)	498(3)	.986(4)	79(4)
2024	2.99(4)	478(4)	.988(2)	68(3)

＊( )内はリーグ順位

そこで、2022年から2024年までの攻撃面（打率、本塁打数、四球数、盗塁数、得点数）のデータはどうなっているのかについて分析してみる【図表12】。

こうして見ていくと、チーム打率は2024年には改善されていただけに、打てなかったというより、むしろ「点が取れないまま」終わってしまったという感が強い。

思い起こせば、2019年は563点（リーグ5位）、2020年は429点（リーグ6位）、2021年は405点（リーグ6位）となっていたし、立浪監督は2021年10月22日の監督就任時の記者会見で、「打つほうはなんとかします」と宣言していただけに、それなりの自信はあったはずだ。

図表12 ｜「立浪中日」の攻撃面のデータ

年	打率	本塁打数	四球数	盗塁数	得点数
2022	.247 (4)	62 (6)	344 (6)	66 (4)	414 (6)
2023	.234 (6)	71 (6)	345 (6)	36 (5)	390 (6)
2024	.243 (3)	68 (5)	347 (6)	40 (6)	373 (6)

＊( )内はリーグ順位。四球数は申告敬遠を除く

実際、2023年は現役ドラフトで加入した細川がブレイクし、2024年は大砲候補として巨人から中田翔《なかたしょう》が移籍。それまで2年間監督を務めてきた立浪監督にしてみれば、中日の本塁打不足、得点力不足は一目瞭然だった。

それだけに、中田が細川とコンビを組んで結果を残せれば、前年以上の成績が見込まれると期待していたはずだ。

だが、中田の相次ぐケガによるリタイアで、想定した以上に試合に出場できなかった。主砲として期待された彼が欠けたことにより、肝心の得点力不足は解消されず、チームの総得点が2023年より17点低い373点に終わってしまったというわけだ。

得点力不足を解消できなかった采配面での問題点

私は得点力不足の解消は、何も打つことだけが解決策ではないと思っている。得点を奪うには安打や本塁打を打つこと以外にも方法がある。

たとえば、無死から走者が一塁に出塁したら、盗塁やヒットエンドランなどの足技を使ってかき回して相手をアタフタさせる場面をつくってみる。そうして三塁まで進んだら、犠牲フライやスクイズ、さらには内野ゴロで1点を奪う――という戦略だ。

しかし、肝心の足技も使っていない。チームの盗塁数は、66個（2022年）、36個（2023年）、40個（2024年）と2年間で26個も数を減らした。

長打が出ないなら、それ以外の方法でどうにかするしかないが、残念ながら、立浪監督以下の首脳陣には足技を使う作戦というのは備わっていなかったとも考えられる。

そのうえ、四球の数も少ない。立浪監督が率いた3年間はリーグ6位の四球数だった。中日の四球数は、2016年の410から2017年に320へと急激に減り、2018年は402に持ち直したものの、2019年以降は349（2019年）、346（202

0年）、326（2021年）と3年連続して300台が続き、立浪監督時代と合わせると6年連続となる。

考えられる要因としては、「ファーストストライクから積極的に打ちにいく」という姿勢の表れだと思うが、これが裏目に出てしまった。

それだけに、四球をもぎ取って出塁する方法を練り上げ、チームの戦術として取り入れるべきだったのではないかという考え方もある。

一連の結果から言えることは、「立浪監督はオールドスタイルの野球を貫いてしまった」ことが挙げられる。つまり、日本ハムのように、「もともと弱いんだから、なんでも試してみる」という発想にはなれなかったということだ。

監督1年目のときに、塁上に走者がいれば、ヒットエンドランやバントエンドラン、バスターエンドランといった、あらゆるエンドラン攻撃をしかけてみる。

おそらく失敗も相当したかもしれないが、「このカウントからエンドランをしかけたら有効やな」ということを学べるかもしれないし、反対に、「このカウントでエンドランはなしやな」と学べることだってあったはずだ。

そうした試行錯誤を繰り返し、2年目、3年目と時間が経過したときに、

「ひょっとしたら、中日はここで何かしかけてくるんじゃないか？」

「ちょっと待てよ。この場面はセオリーどおりというわけにはいかないな」

と相手チームが疑心暗鬼になって勝手に誤作動を起こしてくれるかもしれない。

つまり、立浪監督が3年目を迎えたときに、相手ベンチから「何をやってくるかわからない、いやな監督だ」と思わせるような采配を振るえなかったことが敗因だったとも考えられるわけだ。

「1年目から勝ちにいく」姿勢が裏目に

あらためて、「立浪監督がやりたかった野球って、なんだったんだろう？」と考えてみると、「正攻法で攻めていって、相手より打ち勝つ野球」だったのではないかと推察している。

しかし、実際には打力は立浪監督が予告していたほど改善されたわけでもなく、肝心の得点能力は低いままだった。

それもこれも、新庄監督と違って、「1年目から勝ちにいったこと」が敗因となってしまったのではないかと分析しているのだ。

今回の日本ハムと中日を見ていて、弱いチーム、負けが込んだチームを率いることになった監督は、勝ちにいかずに「負ける勇気」を持つことが大切だということを、新庄監督の采配から学んだ。

普通だと、どうしても、「いちばん下にいるから、上を目指せばいいだけだ」と考えがちだが、順位を上げるためには、現状のチーム力を分析したうえで、試合で使える選手、まだまだ使えない選手を見きわめていかなくてはならない。

そのためには、過去の実績より、自分の目で実際に見たうえでの実力を把握することが大事だし、そのときに、まだまだ一軍レベルの力量がなくても、3カ月後、半年後も見て、どう成長したかもチェックする。それが大切なのだ。

一方の中日は、立浪監督もチーム力を分析しただろうし、現在いる選手の力量も把握しただろう。

だが、勝つための采配面での引き出しが少なかった。前にもお話ししたとおり、ヒットエンドランやバントエンドラン、ダブルスチールなど、実際に試合でやらなくても、「ひょっとしたら、やってくるかもしれない」という不安感を相手チームに植えつけるような戦いができなかったことが悔やまれる。

ただし、ひとつだけ付け加えておくと、立浪監督が1年目から「勝ちにいく」という姿勢を見せたことは、決して間違ってはいなかった。

もし新庄監督と立浪監督の結果が逆だったら、新庄監督のやり方は非難され、立浪監督は称賛されたはずだからだ。

プロ野球の世界は、「勝つことが正義」とされている。勝てばそのやり方がほめられ、負ければあれやこれやと猛烈なバッシングを食らってしまう。

私にしてみれば、チームを勝たせる方法に正解はないと思っているし、そもそも負けるつもりで戦っている指揮官は、過去の歴史をひもといてみても新庄監督だけである。

そう考えると、新庄監督が誰もが考えつかないやり方で結果を出したのだから、ここは素直に、「新庄監督はすばらしかった」という結論でいいのではないかと思うのだ。

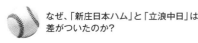

「立浪監督と選手との不仲説」について考察する

一方で、立浪監督は選手たちとの関係がうまくいっていないのではないかという報道が何度もされた。

2022年オフには当時の選手会長で遊撃のレギュラーだった京田陽太《きょうだようた》をDeNAに、二塁でレギュラーだった阿部寿樹《あべとしき》を楽天にそれぞれトレードに出し、2023年シーズンが佳境に入ったころ、試合前の選手の米食を禁じた「令和の米騒動」なる話題が出た。

こうしたことから、多くの野球ファンのあいだで、「立浪監督と選手との関係は良好ではないのでは?」という意見が噴出したが、私はそうは考えていない。

私自身、「選手にとって、いい監督とはどんな監督なのか?」と現役時代を振り返ってみても、「自分を試合で使ってくれるのがいい監督」だと思っていた。

どんなに二軍で好成績を残しても、あるいは練習のフリーバッティングでどんなにいい当たりを飛ばしても、監督が起用してくれなければ、いつまでたっても一軍では活躍できない。

おそらく、プロ野球選手の全員に聞いたときに、9割以上が私と同じ答えが返ってくるに違いない。

そのうえで、「本音を話してもいい監督」であれば、さらに望ましいと思っている。

実際に、ほかのチームで、こんな話を聞いたことがある。その選手が所属しているチー

ムの首脳陣のひとりが、

「隠しごとはなしにしたいから、遠慮なく、どんどん本音を言っていいぞ」

と話してくれたので、チームの課題について積極的に伝えるようにしていた。だが、あるとき、

「アイツは、いちいちうるさいヤツだな。面倒だから二軍に落としてしまおう」

と言って、本当に二軍に落としてしまったというのだ。

表ではどんなに「本音を言っていいぞ」と言っても、実際はそれを認めないという典型だが、これは野球にかぎった話ではなく、日本の一般企業であれば、どこでもありうる話だろう。

つねに選手に「本音」を求めた ボビー・バレンタイン

ところが、2004年から2009年までロッテを指揮したボビー・バレンタイン監督は、そういったことはまったくなかった。

「遠慮せずに、言いたいことがあったら直接、私のところに言いにきてほしい」

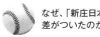

そこで私は、何か相談したいことがあれば、ボビーと直接、話をするようにしていた。ときにはボビー自身にとって耳の痛くなるような話もしたことがあったし、議論がヒートアップしたあげくに双方が強い口調になることもあったが、それでも仲たがいするようなことはいっさいなく、

「オッケー、サト。おかげで、あなたの考えがよくわかったよ。ありがとう」

と笑顔で終わることが何度もあった。これは、私にかぎった話でなく、ほかの選手も同様だった。

あるとき、私はボビーが監督在任時に一度、「どうして本音で話してほしいのか？」と訊ねたことがある。

すると、こんな答えが返ってきた。

「本音を聞けば、その人が、いま、何を、どのように考えているかがわかるからだよ。そうして話し合うことで、相手の性格も見えてくる。私の采配に対して不平不満を持ったままプレーするより、『そういうことなんだ』と理解してプレーするほうが、お互いにとって絶対にいいし、ストレスだってたまらない。それが重要だと考えているから、何を考えているのか、本音で意見を聞きたいんだ」

腑《ふ》に落ちる思いだった。

ボビーにしてみれば、些細《ささい》なことであっても、選手の立場に立てば、じつはそうではないということもある。

とくにプロ野球は、3月下旬から9月下旬、ポストシーズンも含めれば10月下旬まで戦いが続く。半年以上におよぶ長丁場の戦いを乗り切るうえで、一人ひとりの選手の性格や考え方を知っておくことが、ボビーにとって重要だったというわけだ。

それに、ボビーは結果を出したら試合で使ってくれた。どんなに日替わりの打線を組んでも、打てば下位に置いてでも使ってくれたし、反対に結果を出さなければ試合で使ってもらえなかった。

ごくごく当たり前のことだが、「どうして、あの選手を使うんだろう?」と選手が訝《いぶか》しむような起用は絶対にしなかった。

それがはっきりわかったから、私はボビーの采配に不満を抱くようなことはいっさいなかった。

マスコミ情報に翻弄された立浪監督とプロ野球ファン

私とボビーのような関係を、ほかのチームの選手が築けているかはわからない。

だが、令和のいまの時代に、昔のような、それこそ昭和、平成のときと同じようなコミュニケーションの取り方で選手たちと良好な関係が築けているという指導者は皆無だろう。なぜなら、いまの若い選手たちは、私たちの時代とは育ってきた環境が違いすぎるし、昔と同じやり方で選手と接してしまうと、選手たちの心は離れてしまうということもわかっているからだ。

この件に関する是非についてはここでは置いておくとして、私は世間で言われているほど立浪監督と選手の関係は悪くなかったと思っている。

いまどきの選手と接していて自分たちのころとの違いを実感していただろうし、それは、ほかの首脳陣も同じ考えでいたに違いない。

それでは、どうして立浪監督と選手たちとの不仲説が流れてきたのか。

それは、「不仲だと言っていればおもしろい」「不仲説を書き立てれば、多くの人がその記事を目にして、ＰＶ（プレビュー）数が集まって儲《もう》かる」という、一部のマスコミが流布した情報に一部の野球ファンが踊らされたにすぎないからである。

「他人の不幸は蜜の味」ということわざがあるように、グッドニュースよりバッドニュースのほうが人は注目し、何かと意見を言いたがる。

２０２５年シーズンは、日本ハムは新庄監督が留任し、いよいよ集大成となるかもしれない勝負の年となる。

一方の中日は二軍監督だった井上《いのうえ》一樹《かずき》さんが新監督となり、新たな戦いがスタートする。

新庄監督は「ホップ、ステップ……」ときて、華麗な「ジャンプ」が見せられるのか、井上新監督は立浪前監督の遺産を受け継ぎ、「新生ドラゴンズ」の雄姿をファンに見せられるのか。気になる野球ファンは多いはずだ。

もし２０２５年シーズンに井上ドラゴンズが躍進すれば、「前監督のときに獲った、あるいは指導していた選手が活躍した」ということになり、立浪前監督が再評価される可能性がある。

そうしたことも含め、両チームの２０２５年の戦い方に注目していきたい。

第4章

なぜ、ポスティングシステムは物議を醸すのか？

——「上沢式ＦＡ」があぶり出した本当の問題点

新庄剛志監督も悲しんだ 上沢直之のソフトバンク移籍

２０２４年から２０２５年にかけてのオフのストーブリーグで最も盛り上がった話題と言えば、日本ハムに在籍していた上沢直之《うわさわなおゆき》がポスティングシステムでＭＬＢに挑戦した１年後、帰国後に日本ハムではなくソフトバンクを選んで入団したことである。

結論から言ってしまうと、「上沢は何も問題はない」と考えている。

こう言うと、「里崎《さとざき》は何を言ってるんだ」と怒る人もいるかもしれないが、「ルール上では問題がない」とされている。

ＮＰＢだって、とくに議論する話題でもないということで、上沢のソフトバンクへの入団が決まったあと、この件について話し合われた形跡もない。それが答えなのではないかとさえ思っている。

そこで、上沢の騒動について、ここではあらためて一連の流れを整理しておきたい。

上沢は専大松戸《せんだいまつど》から２０１１年にドラフト6位で日本ハムに入団し、在籍12年間で70勝62敗という成績を上げた。

2023年11月28日にMLB挑戦を目指したポスティング申請が行われ、2024年1月11日にタンパベイ・レイズとマイナー契約が結ばれ、日本ハムには譲渡金の92万円が入った。

その後、招待選手としてレイズのスプリングキャンプに参加するも、オープン戦で結果を残せず、オプトアウト（契約破棄条項）を利用し、3月27日にボストン・レッドソックスに金銭トレードで移籍。

だが、わずか2試合の登板にとどまり、11月1日にFAとなって日本球界復帰を模索していた。そして、12月18日にソフトバンクと契約したことが発表された——というわけだ。

だが、これに納得しなかったのが日本ハムのファンだった。その理由は、次の五つが挙げられる。

①MLBでの活動期間がわずか1年と短いこと。
②日本ハムへの譲渡金がわずか92万円と、例外的に低かったこと。
③新庄剛志監督の反対を押し切って、マイナー契約での挑戦であったこと。
④NPBでまだFA権を取得していなかったこと。

⑤①〜④のかたちから、「日本球界に復帰するには古巣球団に戻るべき」という意見が圧倒的に多かったこと。

以上の理由から、「ソフトバンク入団はありえない」とする意見が大多数を占めたのだ。日本ハムの新庄剛志監督も、「ちょっと育て方が違ったのかな。ああいう決断をされたのは、すごい悲しいし、一緒にやりたかったし」とコメントしたと報道された。新庄監督が悲しんでいることは、現場を預かる監督の心情として理解できないことはないし、コメントはファン心理に配慮したものとも言える。

しかし、私はファンからこうした意見が出ること自体が納得できない。「ルールに逆らっていないからいいじゃないか」とさえ考えている。なぜ、上沢を否定するような意見ばかり出ているのかが解せないのだ。

「ポスティング」制度の歴史についておさらいする

そもそも、ポスティングとは、どういうプロセスを経て今日のような制度方針にいたったのか。ここでは、それを見ていくことにする。

次に挙げるのは、ポスティングの基本的な考え方である。

ＮＰＢに所属している選手は、契約保留選手名簿または育成選手保留者名簿に登録され、所属先の球団が選手保留権を有している。

球団が保留権を有する選手は、同名簿の記載から外れる（自由契約となる）か、ＦＡ権を行使しないかぎり、国内外を問わず、他球団への移籍を目的とした契約交渉や練習参加その他の活動を行えない（保留制度）。

ポスティングシステムは、海外ＦＡ権を持たないＮＰＢ選手がＭＬＢなど海外プロ野球リーグへの移籍を希望した場合に、所属球団側の承認と手続き（ポスティング申請）を経て移籍する手段である。

選手とＭＬＢ球団との新契約締結にともない、前所属の球団は、選手保留権を失う代わりに、移籍先のＭＬＢ球団から譲渡金（移籍金）を受け取れる。

１９９８年に調印された「日米間選手契約に関する協定」により、ＮＰＢとＭＬＢのあいだでのポスティングによる移籍システムが創設され、２０１８年11月からは、譲渡金額を事前に定めず、移籍先での契約総額によって譲渡金額が変動する制度に変更された（移籍先での契約期間中に選手が追加で得た金額も譲渡金額に上乗せされる)。

ＮＰＢとＭＬＢのあいだの現行制度(２０１８年以降)での移籍にいたるまでの流れは、次のとおりになる。

①選手が所属しているＮＰＢ球団に移籍を求める。
②選手の求めを容認したＮＰＢ球団がＮＰＢコミッショナーを通じ、ＭＬＢ機構にポスティング申請を行う。
③ＭＬＢ機構が申請を受理したあと、各ＭＬＢ球団に公示する。
④選手が各ＭＬＢ球団と自由交渉する。
⑤選手とＭＬＢ球団が正式契約を締結する。
⑥契約総額に従い、ＭＬＢ球団が前所属ＮＰＢ球団に譲渡金を支払う。
⑦ＮＰＢが自由契約選手の公示を行う。
⑧ポスティングの申請期間は毎年11月1日から12月15日までと定められている。移籍交渉期間はＮＰＢ球団のポスティング申請をＭＬＢ機構が受理し、ＭＬＢ球団に公示した翌日から45日間(２０２２年以降のルール)で合意にいたらなければ、移籍は不成立となり、

翌シーズンオフまで当該選手のポスティング申請はできない。

とされている。

よく、「ポスティングは球団の権利」と説明されていたが、2025年現在の日米間の制度によると、

「ポスティング申請までは球団主導で進める。その後（移籍先球団の選定、契約交渉など）は選手側が主導して進めていく」

となっており、ひとたびポスティング申請されたあとの選手は実質、FA選手と同等の扱いを受けている。

さらに、万が一、移籍不成立となったときには、「現在、選手が所属している球団が選手保留権を保持するかたちとなるが、ほかの事項に所属球団の権限がおよぶわけではない」とされている――というわけだ。

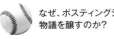

「上沢式FA」への批判は感情的な問題にすぎない

さらに、ポスティングによってMLB移籍が決定した場合は、NPB球団から自由契約選手として公示されるため、移籍先のMLB球団から自由契約となったあとは、次の契約先球団は、選手が国内外問わず、自由意思で選択できる権利がある。

一方、短期でMLB球団を退団した場合、NPBで国内FA権を取得していたであろう年より早く所属元以外のNPB球団に移籍することも可能となる。

これも、ポスティングが制定された1998年当初から変わっていないものの、「『国内FA移籍の抜け道』として利用される可能性がある」という指摘は当初から言われていた。

結局、それが有原航平（2020年12月にポスティングで日本ハムからテキサス・レンジャーズに移籍。2023年1月にソフトバンクに移籍）と上沢のケースに当てはまったということになる。ただし、これについては、私に言わせれば、

「『こういうこともあるよ』って、ルールをつくったときに言ってたやん」

ということになる。つまり、有原にしろ、上沢にしろ、二人ともルールを破っておらず、

すべて定められたルールのなかで移籍を決めたにすぎない。

にもかかわらず、彼らの行動を否定する野球ファンは、「卑怯《ひきょう》だ」「恩知らず」「義理人情はないのか？」と感情で訴えているが、こんなのは私に言わせれば愚の骨頂である。

プロは一軍で実績を残して活躍してなんぼもらえるのかという世界だ。ビジネスライクに徹して考えれば、年俸の高いチームに移籍するのはおかしな話ではない。

それに、「上沢は日本に帰ってきてからは日本ハムの施設でトレーニングしていたじゃないか」と言う人もいるが、これとて上沢が勝手に借りていたわけではなく、球団から許可を得て、なおかつ自身の置かれている現状をきちんと話したうえで、「使ってもいいよ」と言ってくれたのだとしたら、なんの問題もない。

それを、「こうあるべきだ」とファンが訴えかけるのは、一方的な感情論であって、論理的な話にはならない。

こう言うと、「里崎は冷たい」「人情をわかっていない」と批判の矢が私に向くかもしれないが、

「ルールでいいと言ってるんだから、しかたないやん」

というのが率直なところだ。

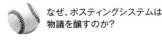

いまほど騒がれずにロッテに復帰しないで阪神に入団した西岡剛

私のロッテ時代の同僚だった西岡剛は、2010年にロッテが下剋上を果たして日本一になった直後、ポスティングでミネソタ・ツインズに移籍。その2年後にツインズを自由契約になった際、ロッテ、阪神、オリックスで争奪戦となり、2年総額4億円プラス出来高という条件で阪神入りが決まった。

彼も有原や上沢と同様に古巣に戻ってこず、一部のロッテファンから非難されたりもしたが、これとて別に騒ぎ立てるようなことではないと思っていた。

考えてみてほしい。アメリカから日本に戻ってくることが決まった段階では、ルール上では、

「ポスティングによりMLB移籍が決定した際はNPB球団から自由契約選手公示されるため、移籍先のMLB球団から自由契約となった後は、次の契約先球団も選手が国内外問わず、自由意志で選択できる権利を得る」

と定められているのだから、古巣に戻ろうが、あるいは違う球団に行こうが、こうなれ

ば、個々の選手の判断ひとつひとつということになる。

それを傍《はた》から見ている人たちが、自分の思惑と違った、つまり「古巣の球団に戻らなかったから」という理由で、ああだこうだと責め立てる権利などない。

それに、今回の上沢のケースで言えば、「選手の夢をかなえさせたい」と日本ハム球団側がもっともらしい理由を述べていたが、球団側だって、「ポスティングで少しでも多く球団にお金が入ってくれたら」という期待感もあったはずだ。

ところが、実際は92万円しか入ってこなかった。ダルビッシュ有《ゆう》（現サンディエゴ・パドレス）、大谷翔平《おおたにしょうへい》（現ロサンゼルス・ドジャース）、有原らのときと比較しても大幅に少なかったうえに、帰国してからも古巣を選ばなかったことで不満に思っている球団関係者もいるかもしれない。

だったら、「ルールを変えるしかないんじゃないか」ということになる。

今回の場合で言えば、「FA前にMLBにポスティングされた選手が国内の球団を選択するときには、必ずMLB移籍前にその選手が所属していた球団でなければならない」ということだ。

たしかに、ポスティングで移籍したものの、失敗に終わったからという理由で、わずか

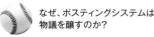

1〜2年で日本に戻ってきてしまった途端に、獲得資金が豊富なソフトバンクや巨人あたりに入ってしまったらたまったものではないという一部の意見もわからなくはない。

「MLB移籍前の球団に復帰すべき」とルール化した場合に起こる問題

ところが、これだって大きな問題がある。

私が問題視しているのは、「必ずMLBに移籍する前の球団に戻らなければならない」という一択だけになってしまうと、MLB挑戦前よりはるかに買い叩《たた》かれた年俸にすることだって可能になってしまわないのかということである。

ケースは違うが、日本ハムは、過去には大田泰示《おおたたいし》、西川遥輝《にしかわはるき》（現・ヤクルト）、秋吉亮《あきよしりょう》が国内FA権を取得した2021年に、保留手続きを行わずに「ノンテンダー」という名の自由契約にした。

結局、西川は楽天、大田はDeNAと、それぞれ移籍先が決まったものの、秋吉だけは12球団のなかで移籍先が決まらずに、独立リーグである福井ネクサスエレファンツに移籍することになった。

一部には「翌年以降は彼らが活躍しないことを見込んだ球団側の英断だった」と主張する人もいたが、私にしてみれば、都合のいいリストラにしか見えなかった。

これと似たようなことが、「必ずMLB挑戦前に所属した球団に戻らなければならない」という一択だけになってしまったときに起こりかねないのではないかと思っている。

つまり、渡米前は年俸1億円もらっていた選手が、MLBに1~2年の期間しかおらずに帰国してから古巣に戻ったときに、「渡米前よりはるかに低い3000万円で契約しなさい」と球団側から言われたら、当の選手本人は、困惑どころか、間違いなく反発するだろう。

さらに言えば、ひとたび渡米してしまうと、もうひとつの問題が起きる可能性がある。渡米することが決まれば、NPBの選手会を脱退しなければならない。

NPB所属の選手ではなくなるのだから、当然と言えば当然のことかもしれないが、短期間のMLB挑戦で終わって帰国し、いざ古巣と契約となった際に提示された年俸が不満だと主張しても、この時点ではNPB球団と契約していない。

そのため、選手会に再加入していないことになるため、選手がどれだけ不利な条件を球団側から提示されていても、選手会は選手側の味方になれないというわけだ。

こうなると、多くの野球ファンは、どういう印象を持つのか。私の見立てでは、「選手がかわいそう」「なんて人情味のない球団なんだ」と球団側が批判の目にさらされることは容易に想像がつく。

それだったら、いまのルールのままのほうが、選手にとって幸せだし、球団側だっておいそれと安い年俸と提示しようなどとは考えまい。

それでも、日本に帰国して1年頑張ってプレーすればFAの権利が得られるなら、「1年は古巣でプレーしてから、1年後にFAで堂々と他球団に行けばいい」と言う人もいるだろう。

だが、もし、その選手が帰国してから1年間、古巣でプレーしているあいだに大きなケガをしてしまったら、FAしたところで、ほかの球団からは「ぜひともウチで」という評価はされにくいだろうし、万が一、FA移籍できたとしても、そこでの契約面では不利な状況になってしまう。

そうなると、「評価の高いときに、いちばん条件のいい球団でプレーする」という選択をするのはむしろ当然で、「何がいけないの？」ということになる。

それが証拠に、上沢の件は12球団がこぞって問題を議論することもなく、また、選手会だって問題視していないからこそ、誰も声を上げていない。

つまりは、それこそが「答え」ということになるのだ。

自分のチームの選手には
ポスティングを認めないソフトバンク

もし、そうだとすれば、ルールを一部変更すればいい。

現在、FAを取得するまでに、国内FAの場合は8シーズン、海外FAの場合は9シーズンとなる。

上沢の場合は、あと1シーズン国内でプレーすればFA権が取得できたわけだが、ポスティングで1年間海外に行ってしまったばかりに、FA権を取得できていない。にもかかわらず、ソフトバンクに入団してしまったのであれば、

「残り1シーズンをプレーしてFAが取得できるのに、ポスティングで海外に行ってしまったのであれば、その1シーズン分は国内FAを取得する1シーズンとみなしていい」

というルールに変更するしかないと思っている。もしくは、

「もしFA権を取得する前にポスティングで出ていく場合、1年や2年そこらで日本に帰

ってくる場合には、ウチに必ず帰ってこなければなりませんよ」

と書面の取り交わしを行っておけばいいとも考えている。

おそらく、今回はそういった取り決めを上沢と球団のあいだでいっさいせずに、本人が言うところの「夢の挑戦」という理由だけでポスティングを認めてしまったのだろう。

ただし、残りの11球団が、「そんなルールをつくる必要はありませんよ」と言ってしまえば、それで終わりである。

たとえば、ソフトバンクはMLBに挑戦するには海外FA権を取得してからでないとできないと球団内で決めているし、実際、千賀滉大《せんがこうだい》（現ニューヨーク・メッツ）は、ソフトバンク時代には毎年のようにオフになるとポスティングを訴えていたが、すべて却下され、本人の頑張りもあって、海外FA権を取得してから海を渡った。

「オタクは必要かもしれませんが、ウチはそもそもポスティングを認めてないんで、必要ないですよ」

と言われてしまえば、私のこうした案でさえ、無意味なものになってしまう。

つまり、ポスティングのルールを変えるとなったら、どこか1球団だけが声を上げるのではなく、12球団が一斉に納得する案でなければ、今回の上沢のようなケースがあったとしても、容易にルール変更はできないはずだ。

選手は「なんのためにMLBに挑戦したいのか」を考えるべし

一方で、選手側は、ポスティングにかぎらず、MLBに挑戦する意味を考えておかなければならない。つまり、「なんのためにMLBに挑戦したいのか」ということだ。

よく、「野球を始めたときからの夢をかなえたい」と、もっともらしいことを言って挑戦する選手がいるが、これだけの理由だと、失敗する可能性が高い。

なぜなら、「MLBで何をやりたいのか」というビジョンが見えないからだ。

私はロッテ時代にボビー・バレンタインのもとで6年間プレーした。そのときに彼が言っていたことなのだが、MLBでは圧倒的な力量差があるわけではなく、日本人と外国人が同等くらいのレベルだったら、外国人を優先して起用するそうだ。

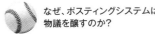

これは、何もMLBにかぎった話ではなく、日本の場合に置き換えても、同じことが言える。

日本人選手と助っ人外国人選手とのあいだに力量差がなければ、「日本人選手を使おう」となってしまうのは、ごく当然のことだ。

さらに、内野手の場合は逆シングルで捕球できないと試合で使ってもらえないという。

日本人の内野手はゴロが転がってきたら正面に入って捕ろうとする。その時点で「失格」の烙印《らくいん》を押されてしまうのだそうだ。

「ミスをしてもいいから、アウトになるように逆シングルで捕る。あるいは、そうしたプレーに積極的にチャレンジするスピリッツがないと、試合で使ってもらえない」

こんなこともボビーは言っていた。

ただ、これは私もよく理解できた。

2006年の第1回WBCで海外の選手を見たときに、時折、「曲芸でもしているのか？」と思えるような身のこなし方をしながらも正確無比な二遊間のプレーをたびたび目にしていた。

同時に、「日本人にはちょっと真似《まね》できないな」ということも感じていたほどだ。

そう考えると、上沢はMLB挑戦をしたものの、「目指すゴールはどこだったんだ？」ということになる。

中継ぎや敗戦処理ならMLBでも投げられる可能性があったが、日本では先発という重要なポジションを任せられていた。

「来年も便利屋的な扱いでよければここにいてもいいけど、先発は……あなたの力量では難しいかな」

とMLB球団側から言われたら、「MLBの舞台でプレーする意味がない」と考えても当然のことである。

だからこそ、「自分の特徴は何があって、それこそがMLBで通用するんだ」と確固たる武器がないと、今後も上沢のように1年で帰ってきてしまう選手は出てくるはずだ。

たとえば、「針の穴を通すようなコントロールがある」「160キロを超えるストレートを常時投げられる」「目の前で消えてしまうような落ちるボールを武器にしている」というように、何か際立った特徴がなければ、MLBでは通用しない。

「ストレートもコントロールもそこそこで、球種は多彩」というレベルでは、日本では通用しても、MLBではそうはいかないと心得ておくべきだろう。

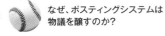

多くのプロ野球ファンが知らない現在のポスティングとＦＡ制度の欠陥

一方で、多くの野球ファンは、いまのポスティングとＦＡに矛盾があることを知らないのではないだろうか。

じつは、次に挙げるようなカラクリが潜んでいる。

まずは、ポスティングから見ていく。89ページでもお話ししたように、ポスティング申請までは球団主導で進めて、その後の移籍先の選定や、年俸や待遇などを含めた契約交渉などについては、球団の手を離れて選手主導で進んでいく。

昔のポスティングは、いちばん高い移籍金を提示したＭＬＢ球団と交渉し、そこに行かせるかどうかの判断は球団がしていたのだが、いまは違う。

球団がポスティングを認めたら、どのＭＬＢ球団を選ぶのかを決めるのは選手であるということだ。

ということは、ポスティングは、本来であれば球団の権利であるはずなのに、選手が好きなところを決めているわけだから、ＮＰＢ球団側からしたら最高移籍金を提示したＭＬ

B球団には行けないということになる。これではNPB球団側にとっては、なんのうまみもない。

2024年の上沢の件だって、メジャー契約で行かせたほうが移籍金は多く入るはずだが、にもかかわらず、レイズに入って移籍金が92万円しか入らなかった。

「いちばんいい条件で行かせられないのであれば、ポスティングはやめます」という方向に変えないと、ポスティングは選手主導の権利となってしまっている。これはおかしいと考えるのが普通だろう。

また、FAにしても、移籍して2年以内に日本に帰ってきた選手で、人的補償のAランク、Bランクに当てはまる選手は、日本で所属していた以外の球団に行くとなると、人的補償と移籍金が発生してしまうのだ。

過去にニューヨーク・メッツを1年で退団した小宮山悟《こみやまさとる》さんがFA前に在籍していた横浜に戻ろうとしたところ、「戦力構想に入っていない」という理由で復帰を断念した。

一方で、他球団からオファーがあったが、その場合は横浜への1億7500万円の補償金が発生することになるため、1年間浪人せざるをえなかったということも実際にあった。

仮に上沢が今回、FAのAランクの選手で、メジャーに1年しか在籍せずに帰国し、その後、ソフトバンクに移籍した場合は、人的補償+80%の補償金をソフトバンクが日本ハムに支払わなければならなかった。

本来、FAは自由であるはずなのに、2年の足かせがあるということを、知らない人が多い。

逆に、ポスティングこそ、FAの足かせをつけるべきではないだろうか。

現行のルールでは、上沢がソフトバンクに行くのは問題がないとはいえ、この矛盾点についてはNPBと選手会側が話し合って改善していくべきではないかというのが私の考えである。

プロ野球ファンは「それが本当に選手にとって幸せか」を考えるべし

それを差し引いても、繰り返しになるが、上沢がソフトバンクを選んだことは問題ない。こう言うと、「何を言ってるんだ」と反論する人が出てくるが、感情で話している人に対して理論立てて話しても、お互いに話は平行線をたどったままである。

もし、そう主張するなら、ルールを変えるしかないのだが、誰も動いていないところを見ると、「みんな悪いと思っていないから」というのが答えとなる。

最近はインターネットやSNS（ソーシャル・ネットワーキング・サービス）の発達によって、さまざまな人が簡単に意見できるようになった。それが可視化され、聞こえるのではなく「見える」ようになったことで、以前ならスルーされてもいいようなことがスルーできなくなって、いったん立ち止まらなければならないことが多くなってきた。

これは私とて例外ではない。私はYouTubeで自分の番組を二つ持っているし、X（旧・Twitter）もやっているが、何か情報を発信すると、何かにつけて批判してくる人が一定数いる。

私の場合で言えば、いわゆる「アンチ」と呼ばれる人がいたとしても、必要以上に恐れない。なぜなら、「アンチの発信力を利用する」ことで、私の名前がもっと世に出ていくからだ。

たとえば、私が上沢の騒動についてYouTubeやXで取り上げたとする。内容は、ここで書いたように「なんの問題もない」という結論と、その理由について述べていく。すると、アンチの人たちは、

「見ろよ。里崎がこんなこと言ってたぜ」

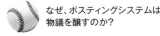

と、はじめに見た人が声を上げ、それが彼と同調している人たちによって拡散していく。

そうして、「里崎がこんなことを言ってたぜ」と広がっていくプロセスで、

「いやいや、よく読んでみたら正論じゃないか」

「たしかに、非難の声ばかり上げるのも、どうかと思うよな」

と反対に私の意見に同調する人が現れ、侃々諤々の議論を勝手にしてくれる。

こうなると、しめたものだ。

「里崎智也《ともや》」の名前は私の意見に支持するファンだけでなく、否定的な考えをするアンチにも広がっていくことで、世の中になんらかの影響を与えられるのだとしたら、「それでOK」だと考えているからだ。

しかし、大多数の人は、私と同じ考えではあるまい。

それ以上に、自分に何か否定的なことを言われてしまうと、そうした意見をシャットアウトしてしまって、耳を傾けない、あるいは無視し続ける。これもしかたのない処置ではあるかもしれないが、こと上沢の騒動は首尾一貫して、

「何が悪いのか？」

というのが、私が主張するところだ。

第5章

なぜ、ずっと「投高打低」が続くのか？

——間違いだらけの「記録」の読み方

たった5年間で3割打者が「3分の1」という衝撃

ここ数年、「投高打低」が言われて久しい。

一部の野球ファンのなかには、「投手のレベルが上がったから打てなくなったんだ」という声もあるが、私は、こうした意見を聞くたびに、「アホか」と思ってしまう。

なぜ、そのように思うのかついて、ここでくわしくお話ししていく前に、2020年から2024年までの5年間、セ・パの両リーグで3割打者が何人いたのかについて見ていきたい［図表13］。

こうして見ていくと、たった5年間で3割打者が少なくなっていくプロセスは、顕著である。

2020年は新型コロナウイルスが拡大したことにより、試合数が通常のレギュラーシーズンの143試合から120試合へと23試合も大幅に減ったが、それでも3割打者はセ・パ合わせて12人いる。

だが、2024年はセ2人、パ1人の合わせてわずか3人しかいない。

図表13　3割バッターの一覧（2020～2024年シーズン）

年	リーグ	人数	選手名	チーム	打率
2020	セ	8	佐野恵太	DeNA	.328
			梶谷隆幸	DeNA	.323
			青木宣親	ヤクルト	.317
			大島洋平	中日	.316
			村上宗隆	ヤクルト	.307
			高橋周平	中日	.305
			宮﨑敏郎	DeNA	.301
			鈴木誠也	広島	.300
	パ	4	吉田正尚	オリックス	.350
			柳田悠岐	ソフトバンク	.342
			近藤健介	日本ハム	.340
			西川遥輝	日本ハム	.306
2021	セ	7	鈴木誠也	広島	.317
			坂倉将吾	広島	.315
			牧 秀悟	DeNA	.314
			近本光司	阪神	.313
			桑原将志	DeNA	.310
			佐野恵太	DeNA	.303
			宮﨑敏郎	DeNA	.301
	パ	4	吉田正尚	オリックス	.339
			森 友哉	西武	.309
			杉本裕太郎	オリックス	.301
			柳田悠岐	ソフトバンク	.300
2022	セ	4	村上宗隆	ヤクルト	.318
			大島洋平	中日	.314
			佐野恵太	DeNA	.306
			宮﨑敏郎	DeNA	.300
	パ	2	松本 剛	日本ハム	.347
			吉田正尚	オリックス	.335
2023	セ	3	宮﨑敏郎	DeNA	.326
			西川龍馬	広島	.305
			ドミンゴ・サンタナ	ヤクルト	.300
	パ	2	頓宮裕真	オリックス	.307
			近藤健介	日本ハム	.303
2024	セ	2	タイラー・オースティン	DeNA	.316
			ドミンゴ・サンタナ	ヤクルト	.315
	パ	1	近藤健介	ソフトバンク	,314

これだけ見ても、2024年シーズンは、いかに3割打者が減ったのかがよくわかる。

「昔に比べて投手のレベルが上がった」という真っ赤なウソ

現状を目の当たりにし、一部の野球ファンが主張しているのが、「昔に比べて投手のレベルが上がったから」ということだが、私は「決してそんなことはない」と真っ向から否定しておきたい。これには明確な理由がある。

私が現役のときで言えば、ライバルチームのエース格には、西武は松坂大輔《まつざかだいすけ》、ソフトバンクは斉藤和巳《さいとうかずみ》、楽天は岩隈久志《いわくまひさし》、オリックスは金子千尋《かねこちひろ》、日本ハムはダルビッシュ有らがいた。

セ・リーグには巨人は上原浩治《うえはらこうじ》さん、広島は黒田博樹《くろだひろき》さん、横浜は三浦大輔《みうらだいすけ》さん（現・DeNA一軍監督）、中日は川上憲伸《かわかみけんしん》さん、阪神は井川慶《いがわけい》、ヤクルトは石井一久《いしいかずひさ》さん（現・楽天ゼネラルマネージャー）らがいたが、これはいまから15〜20年前の話だ。

彼らと令和の投手を対比させて、「昔の投手はレベルが低かった」と言えるだろうか。ほぼ全員が「低いどころか、高い」と考えるはずだ。

それに、もう一世代前の１９９０年代までさかのぼると、パ・リーグには近鉄《きんてつ》（現オリックス）バファローズは野茂英雄《のもひでお》さん、西武は西口文也《にしぐちふみや》さん（現・西武一軍監督）、オリックス・ブルーウェーブは野田浩司《のだこうじ》さん、セ・リーグは斎藤雅樹《さいとうまさき》さん、槙原寛己《まきはらひろみ》さん、桑田《くわた》真澄《ますみ》さん（現・巨人二軍監督）の三本柱、中日は今中慎二《いまなかしんじ》さん、横浜は「大魔神」こと佐々木主浩《ささきかづひろ》さんらがいたが、「彼らのレベルが低い」と言えるだろうか。

答えは「ノー」だろう。

つまり、これだけ見ても、「昔の投手はレベルが低い」などということは決してない。むしろ野球史に燦々《さんさん》たる一ページを刻んだ投手として、この先も称《たた》えられる野球人たちである。

日本のプロ野球は２０２５年で91年目を迎えたが、創成期のころから、「その時代のトップクラスの選手たち」がしのぎを削って名勝負を繰り広げ、さまざまな名選手を輩出してきた。

「過去の歴史をつくってきた野球人の時代はレベルが低い」などと言うのは、私に言わせれば冒瀆《ぼうとく》にすぎないのである。

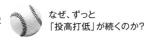

昭和、平成の名打者も名投手と名勝負を繰り広げていた

それでは、打者のレベルはどうか。これとて「昔のほうが低かった」とは言いがたい。たとえば、巨人の強打者の系譜を見ていくと、川上哲治《かわかみてつはる》さんから長嶋茂雄《ながしましげお》さん、長嶋さんから王貞治《おうさだはる》さん、王さんから原辰徳《はらたつのり》さん、原さんから松井秀喜《まついひでき》さん、松井さんから阿部慎之助、阿部から坂本勇人《さかもとはやと》（内野手）、坂本から岡本和真《おかもとかずま》へと移り変わっているが、「昔の時代の打者のほうがレベルは低い」と言うような人は誰もいないはずだし、もしそう思っているのだとしたら、「何かいちゃもんをつけたいだけなのでは？」とさえ思えてくる。

それに、長嶋さんの時代は阪神の村山実《むらやまみのる》さん、王さんの時代は同じく阪神の江夏豊《えなつゆたか》さん、原さんの時代は広島の北別府学《きたべっぷまなぶ》さんや大野豊《おおのゆたか》さん、大洋《たいよう》ホエールズ（現・ＤｅＮＡ）の遠藤一彦《えんどうかずひこ》さん、中日の小松辰雄《こまつたつお》さんら、そうそうたるライバルがいた。

そうした好投手たちと対戦し、しのぎを削って残された成績だからこそ、「昔の打者のほうがレベルが低い」とは思えない。

しかも、王さんの時代は、いまのような精度の高いピッチングマシンなどなく、バッテ

ィング練習をする際には素振《すぶ》りが必須だった。

500スイング、600スイングは当たり前のように素振りをしていた時代に、王さんは868本塁打を記録した。

それを考えたら、令和の選手たちのほうが、はるかに練習環境に恵まれている。

バッティング練習ひとつとっても、ピッチングマシンがただ備わっているだけでなく、実戦の投手により近い、さまざまな球種を投げるマシンだって開発されている。

「素振りだけの昔と比べたら、はるかにいい練習環境になっているはずなのに、3割打者が少なくなったのは、なぜ？」

という疑問が湧いてしまうものだ。

それに、令和の人、とりわけ20代、30代の若い人たちは、「昔はレベルが低かった」と言っているかもしれないが、いまから20年、30年たったときには、そのときの若い人たちから「20年、30年前の打者のレベルは低かった」と言われている可能性が高い。

なぜなら、彼らは令和の選手たちの成績でレベルを把握するだろうから、

「全然打ててないじゃん。このときの打者はレベルが低かったんだな」

と言われても、しかたのない話となる。

しかも、「練習環境は昭和のころよりよかったんだけどね」と言おうものなら、「それで、どうして、いまは打てなくなっちゃったの？　やっぱりレベルが低かったんじゃないのか？」

と言われてしまうのがオチだろう。

「昔に比べて投手の球種が増えた」という誤解

そこで、「なぜ、投高打低という現象が起きてしまったのか？」ということである。

話の核心はここから入っていくが、「令和の投手のレベルに打者の技術が追いついていない」というのが理由のひとつに挙げられるのではないかと見ている。

前項でお話ししたように、昔より練習環境がよくなったにもかかわらず打てなくなったというのは、打者側になんらかの問題があると考えるのが当然だ。

そうなると、トレーニング理論が発達したことで、ストレートの球速が増した一方、それを捉える技術が打者に欠けているのではないかとも考えられる。

一方で、「昔に比べて投手の球種が増えた」と言う人がいるが、私に言わせれば、「昔と呼び方が変わっただけ」にすぎない。

昔からストレート、カーブ、ドロップ、シュート、スライダー、シンカー、フォークボール、パームボールなどという球種があったが、いまではシュートを「ツーシーム」と呼ぶこともあれば、ストレートを若干カットボール気味に投げれば「カットボール」、パームボールを「チェンジアップ」、スライダーを「スイーパー」と呼んでいる。

しかも、その投手が、「スイーパーも投げる、チェンジアップも投げる、カットボールも投げる」というのであればミートさせるのは難しいが、実際にそんな投手は存在しないし、「ナックルカーブも投げる、パワーカーブも投げる、スローカーブも投げる」という投手だって、実際のところは存在しない。ナックルカーブを投げる投手は、ほかのカーブは投げられない。これが本当のところだ。

私が現役のころ、春季キャンプでルーキーの投手をブルペンで受けるとき、五つも六つも球種があると言ってきたので、この目で確かめようと思って、すべての球種を要求して受けた。

だが、フォークボールは落ちずに、シュートは右打者の懐に食い込んでこない。球種らしい球種はスライダーとチェンジアップの2種類くらい――という者も実際にいた。

つまり、「本人が言うほど球種はなかった」というわけだ。

いまは、こうした球種を再現してくれる高性能のピッチングマシンがある。私の時代は、実際に打席に立たないと、どれだけの曲がり幅とキレがあるのかわからなかった。

バッティング練習ひとつとっても、練習環境の進化は目を見張るものがあるが、にもかかわらず、3割はおろか、2割5分〜6分台を行ったり来たりしている打者が多くなった。だからこそ、「投手のレベルが上がっているにもかかわらず、打者の進化がそれに追いついていない」という理由だと考えているわけだ。

アメリカのかたちだけ真似た「フライボール革命」の弊害

さらに、気になるのが、「なぜ、打者の進化が追いついていないのか」ということになるのだが、私はMLBで流行《はや》った「フライボール革命」を取り入れたことが最大の弊害だと思っている。

そもそも、外野の頭も越えない選手が、アメリカの真似をしたところで、アウトになる確率が高まるだけである。早い話が、「誰もが大谷翔平になれるわけではない」ということだ。

身長193センチメートル、体重95キログラムの大谷と、身長175センチメートル、体重75キログラムの選手が同じスイングにしたところで、同じように打てる確率はかなり低い。

大谷だからできることもあるだろうし、身長、体重ともに大谷におよばない選手であれば、違った打ち方をものにして自分流というものをつくりあげていく必要がある。

それをしないのは、たんに「大谷がいいと言っているから」という発言に乗っかっただけにすぎないのだが、これがそもそもの大間違いなのである。

令和のいま、情報がたくさんありながらも、みんながみんな使いこなせていないのは、「大谷がこう言っていた」「ダルビッシュがこんなことを話していた」というように、一流と言われる人たちの意見を鵜呑《うの》みにするだけして、内容はいっさい精査しないことが問題なのである。

「昔のやり方は古いからダメだ。でも、いまのやり方は新しいからいい」で判断していては、とてもではないが、情報を精査しているとは思えない。

むしろ、「昔のものは、これはよかったけど、あれはダメだ。いまのものも、これはいいけど、あれはダメだ」と言えるのが精査しているというわけであって、昔といま、古いと新しいだけでものごとを判断するのは、私に言わせれば、荒唐無稽でしかない。

バッティングについても同様で、たしかに大谷のバッティング技術には憧れもあるだろうし、真似をしたくなる気持ちもわからなくはないが、自分にフィットするかどうかは、まったくの別ものである。

「大谷はたしかにすごい！　でも、オレには合わへんな」

「大谷にはなれない。けど、ステップしたあのかたちは取り入れてみよう」

「大谷のタイミングの取り方は参考になるな。よっしゃ、あそこだけ試してみよう」

などと考えられるのであればいいのだが、そうではなくて、情報を１００％鵜呑みにしてしまう人が多い。

せっかく情報を入手しても、「何が自分に合って、何が自分には合わない」まで落とし込まないと、肝心の「自分に合ったバッティング技術」は、身につかないまま終わってしまう。

私はこうして自分のバッティングスタイルをつくった

私の現役のころはシンプルに考えていた。大学よりワンランクもツーランクもレベルの高いプロの投手と対峙《たいじ》して、どうにかしなければならないと考えていた。ここまでは誰もが持つ危機感だとも言える。

しかも、いまから25年以上も前となれば、いまのようにインターネットやYouTubeでバッティング技術に関する情報が拾えるわけでもない。かぎられた情報のなかで自分の技術をものにしていく必要があった。

そこで、私が考えたのは、「お手本となる人の真似をしよう」ということだった。

しかも、私は右打ちだったので、鏡写しになって対称となる左打ちの打者でいいお手本になる人がいないかと考えたときに、即座にパッと思い浮かんだ人がひとりいた。

それが福浦和也さんだったのだ。

福浦さんは若干オープンスタンス気味に構え、巧みなバットコントロールで左右に打ち分けるバッティング技術が魅力だった。

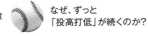

そこで、私も福浦さんの構えを真似して、いいと思われる部分を取り入れたうえで、オリジナリティーを加えて「里崎流」を身につけた。

結果として、私の場合は福浦さんをお手本にしたスタイルが成功したのだが、万が一、福浦さんのバッティングフォームが合わなかったときには、ほかの人をお手本にしようと考えていた。

そうして試行錯誤を繰り返した結果、自分のバッティングスタイルをつくっていくというのが本来、みんながすべきことだと思っているし、私と同じ世代、もしくは私より上の野球人であれば、誰もが私と同じように、試行錯誤を繰り返しながら、自分に合ったバッティングフォームを見つけようとするはずだ。

「大谷の言うことは正しい」部分は、たしかにあるだろう。

けれども、「それが自分に合っているのかどうか」は話が別であるということは、ここで指摘しておきたい。

令和の選手は総じて練習量が足りない

もうひとつは、単純に「練習量が足りない」からだと思っている。

そもそも、トップアスリートが「量より質」などと話しているのを聞いたことがない。むしろ、「質×量（たくさん）やっている」というのが正しい。

プレーヤーとして成長していくにあたって、楽な練習、好きな練習をしていることが、当人にとって必ずしも必要な練習だとはかぎらない。

自分の課題や自分の苦手なことに練習時間を割くことで、技術的に進歩し、成長していくためのスキルが備わっていくのである。

たとえば、もともと飛ばす力のある選手がフリーバッティングでブンブン振り回して、ポンポンポンポンポン、スタンドインさせる打球を打ち続ける。

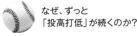

見た目には爽快かもしれないが、練習というのは爽快感を求めてやっているのではない。苦手なところを克服するために行うことが第一の目的であったたっていい。

どんなに爽快に打ったところで、いざ実戦になると、相手投手も、おいそれと甘いところに投げてくるわけではない。「絶対に打ち取ってやろう」と必死になって投げてくる。そのために、反対方向に打つ技術やファウルボールを打って粘る技術、きわどいコースのボールを見きわめる技術など、磨かなくてはいけないスキルは、ことバッティングでもいくらでもある。

つまり、目的意識を持って練習に取り組んでいる選手がどれだけいるのかということも問われてくるわけだ。

それに、日本のトッププレーヤーと呼ばれるプロ野球選手についても練習量が少ないと言われているが、私がとくに苦言を呈したいのは、プロの世界では二軍、高校や大学では控えの選手たちである。

最近は何かというと、「MLBは効率的に時間を使って練習している」という識者が増え、現役の選手たちも、その言葉を鵜呑みにしていることが多いが、それはあくまでもMLBのトップでバリバリ活躍している選手たちであって、彼らが効率的に練習するのは、「ケガをして戦線離脱するような事態を招いたら、チームに迷惑がかかってしまうから」である。

トップのレベルでプレーできるスキルが備わっているのだから、あとは首脳陣がやりすぎだと判断したら、ストップをかければいいだけなのである。

「メジャーの選手は練習していない」「効率的な練習」は言い訳にすぎない

それでは、3A以下の選手たちはどうしているのか。

彼らは早朝から練習を始め、徹底した猛練習をみずからに課すことで、MLBの舞台に上がろうと必死になっている。

彼らが練習する理由は明快で、「MLBの舞台でプレーしてバンバン稼ぎたいから」以外にない。

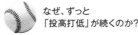

もし、その夢がかなわなければ、即座にクビを切られる。これは、3Aだろうと、2Aだろうと、1Aだろうと、ルーキーリーグだろうと変わらない、シビアな世界なのである。それを知らずに、「アメリカの選手は練習していない」と妄信的になっているとしたら、その考えは改めたほうがいい。

それに、プロはもちろんのこと、高校であれ大学であれ、一軍ではなく二軍以下に甘んじているような選手であれば、自分に猛練習を課して徹底的に鍛えたほうがいいに決まっている。

なぜなら、彼らは首脳陣からしてみたら、「いてもいなくてもいい存在」だからだ。はっきり言ってしまえば、

「ヘボは使われないし、ヘボがケガをしても誰も困らない」

厳しく聞こえるかもしれないが、それが現実である。

ケガをしても誰も困らない存在の選手だからこそ、猛練習に猛練習を重ね、現状よりレベルアップさせるべきなのだ。

もし私が二軍レベルの選手だったら、たとえケガをするリスクがあったとしても、みずからに猛練習を課し、徹底的に鍛え抜く。

たとえて言うなら、1キロメートル先にいるライバルに勝つには、自分自身がスキルアップしなければ追いつけないからだ。

バッティング、守備、走塁と、すべてにおいてレベルアップしなければ、上にいるライバルたちに追いつき、追い越すことはできないと考えるのが当然であると思っている。

それを、「MLBは練習をしない」「効率のいい練習をすべきだ」などと言うのは、自分自身がレギュラーになるのを放棄したのと一緒である。

そう考えている二軍の選手は、ほぼいないのではないかというのが、私の見立てである。

令和の選手が知らない「やらされる練習」の重要性

一方で、令和は昔のように「コーチから言われて、やらされる練習」が少なくなっているように思える。

私の若手のころは、やらされる練習が多かった記憶しかない。

遠征のときには必ず素振りタイムがあった。当時のバッティングコーチは山下徳人《やましたのりひと》さん(現・栃木ゴールデンブレーブス監督)だったが、18時からのナイトゲームのときには、必ず11時にホテルの駐車場やチャペルの庭に集合し、最低1時間は素振りをするのが当たり前だった。

また、福岡遠征のとき、ドームの室内練習場が使えるとなると、10時半にホテルを出発し、11時から12時までの1時間、室内練習場でマシンを使ってバッティング練習をすることもザラにあった。

そうして再びホテルに戻って昼食を食べてから、あらためてホテルのロビー前に集合し、バスに乗って試合に臨むということは、一連のルーティーンとなっていた。

さらに、ビジターの西武戦のときには東京・立川《たちかわ》のホテルに宿泊するのだが、日中の11時くらいの時間帯は、ホテルの利用客がほぼ全員チェックアウトしているため、廊下で素振りをすることもあった。

とにかく暇さえあればバットを持って素振りをするというのが、ほとんど日課だったという思い出がある。

こうした積み重ねが功を奏したのか、私は試合で少しずつ結果を残せるようになり、やがてレギュラーの座をつかむところまでいった。

いまは時代の風潮もあって、「やらされる練習」より「自主練習」を促すことが多い。だが、やらされる練習より自主練習のほうが難しい。

なぜなら、「正解となる量を自分で見つけなければならない」からだ。

たとえば、「やらされる練習」で素振り1000回をノルマにしたとする。これはコーチに言われて必ずこなさなければならない数字だから、何があっても遂行しなければならない一方、ノルマを決めてくれる分、楽なのだ。

だが、自主練習は違う。素振り1000回でもいいだろうし、場合によっては、半分の

500回でもいいかもしれないし、もっと少なくして100回でもいいと考えるかもしれない。

このとき、数を減らしたことが正解なのか、不正解なのかは、実際に試合に臨んで打席に立ってバットを振ってみなければわからない。

それだけに、どれだけ自分を厳しく追い込めるかが、自主練習において最大のポイントとなってくることは間違いない。

コーチが若手選手に口にしてはいけない「悪魔のささやき」

練習量のことで言えば、たった1年だけ活躍した選手ほど猛練習を課さなければならないと思っている。

野球のファンのあいだでは知られていないが、プロ野球の世界ではコーチが選手をダメにしてしまう「悪魔のささやき」というものがあるのをご存じだろうか。

それは、「今年、活躍したんだから、オフのあいだはしっかり休めよ」である。

これにコーチが選手のことを大切に考えているようにも思えるが、じつは選手にいちばん言ってはいけない言葉なのだ。

プロの世界で初めて活躍できた選手は、この言葉を聞くと、「しっかり休んでおこう」と考え、本当にオフのあいだに何もせずに休んでしまう。

それで翌年の1月の自主トレ、2月の春季キャンプに入ると、途端についていけなくなってしまい、オーバーワークが原因で故障してしまうことになる。

本来であれば、筋力が落ちないようにするために、適度なトレーニングをオフのあいだにしておく必要があるが、ルーキー、もしくはプロで初めて活躍した選手は、そこがよくわかっていない。

コーチが言ったこの言葉を、そっくりそのまま鵜呑みにしてしまうこと自体が、思わぬ落とし穴にはまってしまうというわけだ。

これがベテランの選手の場合なら、「しっかり休めよ」とコーチに言われたときの意味を熟知している。休養を取りつつ、新たなシーズンに向けての準備も怠らない。

だが、新人はそうはいかない。オフのあいだは、額面どおりに受け取って、何もせずに完全に休んでしまうから、いきなり体を動かしたときに、どこかしらが悲鳴を上げてしまうのだ。

実際、私が見てきたかぎりでは、プロの世界で長く活躍し続ける人ほど、若手のころは遮二無二、練習しているものだ。

私自身もそうだったが、30歳を過ぎると年々力は落ちていくのだが、衰える速度は比較的ゆるやかなので、長く現役を続けることができたというわけだ。

反対に、若いうちから温室でぬくぬくと育てられ、練習もそこそこのレベルでやめてしまうような選手ほど、力が落ちていくのは早い。

1年だけ活躍した選手はもちろんのこと、一軍半や二軍にいる選手たちほど一軍で長年レギュラーを張っている選手と同じ練習内容ではまったく意味がない。

私の現役時代も、そうした若手選手はいた。彼らに共通しているのは、若いうちから活躍し、首脳陣もあえて放任主義にしてしまったことである。

「練習メニューはお前らに任せるよ」と言ってしまえば、自主練習中心のメニューとなり、自分を追い込むような練習をしなくなる。

その結果、30歳を過ぎたあたりから途端にガタがくるのだ。

私に言わせれば、「若いときに、もっと追い込んで練習していかないとダメ」ということになるのだが、当の本人たちは、その正体が何かは理解していない。

若いうちから新人王を獲ったり、あるいはタイトルを獲ったりした時点で、「もういいだろう」と満足しているようでは、その後は伸びていかない。

タイトルを獲った時点で、自分にハードなトレーニングを課し、さらに追い込むようでなければ、長く活躍し続けられない。

そうやって、プロ野球選手は生き残っていく人種なのだ。

「石ころをダイヤに変えた」昭和、平成の練習方法

昔は軍隊式の練習だったこともあり、ダイヤの原石が壊された事例もあったと想像される一方、石ころが徹底的に磨かれてダイヤになったということもあった。

しかし、いまは違う。ダイヤの原石が壊されることは少なくなっただろうが、石ころは石ころのままで終わってしまうだろうし、ダイヤの原石だって、一生磨かれないままダイヤの原石で終わってしまう可能性も高い。

どちらが幸せなのだろうかと考えたときに、私は石ころがダイヤになる可能性がある前者のほうがいいと思うが、令和の若い人たちは、「そこまで追い込まなくてもいい」と考

えてしまうことのほうが多いだろう。

だが、私などは、「それでいいのか」と考えさせられてしまう。

私は、はっきり言ってしまえば、野球選手としては、ダイヤの原石ではなく、石ころだった。

高校時代は、甲子園《こうしえん》に一度も行ったこともなければ、高校球界を代表するような選手でもなかった。

それが、大学に進んで実績を残し、大学日本代表に選ばれたこともあり、高評価を得て、ロッテに自由獲得枠（２００６年を最後に廃止）で入団できた。

だが、いざプロに入ってからは、レベルの高さに戸惑い、

「現状を打開しなければ、あっという間に戦力外になってしまう」

という危機感を持ちながら日々の練習に励んだ結果、どうにか一軍で実績を残し、引退試合までやってもらえるような選手になれた。

もちろん、ハードな練習をしたからといって、みんながみんな、必ずしもいい結果が残せるというわけではない。

だが、ハードな練習をしなければ、道は開けてこないというのも、また事実なのである。

「結果が出るかどうかはわからないけど、ここで苦しい練習をしなければ未来はない」と思えることは、野球選手にとって必要不可欠な思考なのである。

プロの世界である程度、実績を残している人だったら、「今日はこれくらいまでやろう」と決められるが、プロでまだ実績のない選手だと、自主練習でどこまでやっていいのかがわからない。

そもそも、自主練習で自分を追い込んでまでやろうと己を律せられる選手はどのくらいいるのだろうか。

毎年1月の自主トレでも、「精根尽き果て、ぶっ倒れるまで練習した」という選手を聞いたことがない私にしてみれば、「どれだけきつい練習を自分に課しているのか」を令和の選手たちに問うてみたいという考えがある。

ゆとり教育で成長していった若い人たちにしてみれば、昭和を思わせるハードな練習には眉をひそめるかもしれないが、「四の五の言わずに練習をやり続ける」という経験を積まないと、野球選手のあいだでも格差が生まれてくるような気がしてならない。

大谷翔平はストイックなまでに野球に打ち込んで、いまの彼をつくりあげた。「大谷だったからできる」という言われ方もされてきたし、実際、そうした部分もあるだろう。

しかし、彼はそう言わしめるだけの努力を積み重ねてきた。しかも、「誰にも負けない」という強い気持ちを持って日々の練習に取り組み、並みいるメジャーリーガーたちを圧倒し、尊敬の眼差《まなざ》しを向けさせるまでの存在になった。

そこで、私の結論としては、

「大谷翔平にはなれないかもしれないけれども、大谷翔平のように努力し続けることは誰にでもできる。そうして自分流のバッティング技術を身につけ、実戦で結果を残せれば、いまのような『投高打低』のような現象は生まれなくなるのではないだろうか」

と考えるのである。

第6章

なぜ、沢村賞のハードルは下げられないのか?

——「分業」の時代にふさわしい投手の評価

2024年の沢村賞受賞「該当者なし」は至極当然だ

2024年シーズンは、プロ野球で先発投手の最高の名誉と言われる沢村賞《さわむらしょう》について、「該当者なし」という結論に達した。選考委員長で巨人のエースだった堀内恒夫《ほりうちつねお》さんは、「たくさんの選手の名前が出てきましたが、帯に短し、たすきに長し。非常に難しい選考でございました。一本化するのが難しく、今年は『該当者なし』にさせていただきます」

と話した。

結論からお話しすると、私は至極当然の結論を下したと思っている。

「投手もやったことがない里崎が、何を言うんだ」

と文句のひとつも言いたい人もいるかもしれないが、たとえ投手経験者でなくても、一野球人としてプロの世界で16年間、現役生活を送ってきた者から見ても、この賞に関しては、安易に受賞者を出す必要はないのではないかとさえ思っている。

その理由は、のちほどくわしくお話しするとして、まずは沢村賞というのはどんな賞なのか、あらためて確認していく。

沢村賞とはプロ野球の黎明期《れいめいき》に剛腕投手として活躍した沢村栄治《えいじ》さんの功績を称えて1947年に制定された賞で、正式名称は「沢村栄治賞」で、よく使われている「沢村賞」は通称である（ここでは以下、「沢村賞」で統一する）。

沢村賞はMLBで1956年に創設されたサイ・ヤング賞より古い。しかも、サイ・ヤング賞は、アメリカン・リーグ、ナショナル・リーグを問わず、さらに先発、救援を問わず、すべての投手が対象となるが、沢村賞はその年に活躍した先発完投型の投手のみが選考対象となる。

余談ではあるが、1950年からセ・リーグとパ・リーグの2リーグに分裂したが、読売新聞社が制定した賞ということもあって、1988年まではセ・リーグのみが対象となっていて、時代が昭和から平成に変わった1989年からパ・リーグも選考対象となった（パ・リーグ初の受賞者は、1990年の野茂英雄さんだった）。

沢村賞の7条件のうち達成が難しい「二つの項目」

沢村賞に選出されるには、次の七つの基準が掲げられている（必ずしも七つの項目をクリアしなければならないというわけではない、ということも付け加えておく）。

①登板試合数25試合以上
②完投試合数10試合以上
③勝利数15勝以上
④勝率6割以上
⑤投球回数200イニング以上
⑥奪三振150個以上
⑦防御率2・50以下

実際、これらの数字をクリアするために、いまの時代でいちばん難しいとされるのが、「②完投試合数10試合以上」と「⑤投球回数200イニング以上」である。

先発は五〜六回まで投げてもらい、残りのイニングはリリーフ陣に任せればいいという考えだと、完投することは、どだい不可能な話となってしまう。

そのうえで、仮にシーズンを通して25試合を先発で投げたとして、すべて六回まで投げたとなると、150イニングまでしか投げられない。
つまり、200イニング投げることだって無理となってしまうわけだ。

候補者5人の成績は本当に沢村賞に不適格だったのか

一方で、2024年の候補者は5人いたのだが、彼らの成績は141ページの図表のとおりである［図表14］。

先に挙げた①から⑦までの項目に当てはめ、過去の「該当者なし」の年の主な候補者の記録と比較してみた。

1971年は平松政次《ひらまつまさじ》さんと江夏豊さんの二人が6項目をクリアしたが、勝率で届かなかったため、「該当者なし」と決定された。

パ・リーグでは阪急《はんきゅう》ブレーブス（現オリックス・バファローズ）の山田久志《やまだひさし》さんが七つの項目すべてをクリアしているが、先にお話ししたように、当時はセ・リーグの投手のみが対象だった。

そのため、成績的には文句なしだったにもかかわらず、山田さんには授賞されなかったというわけだ。

1980年は江川卓《えがわすぐる》さんが6項目をクリアしたが、勝率で届かなかったために受賞を逃した。数字的にはもう少しで手の届く範囲だったが、現役時代は最後までこの賞を獲れなかった。

また、この年もパ・リーグでは日本ハムの木田勇《きだいさむ》さんが全項目をクリアした。授賞されなかった理由は、前出の山田さんと同じ理由である。

1984年は徐々にハードルが高くなってきた時代。最も近いところにいたと言えるのは、4項目クリアの郭源治《かくげんじ》くらいであったが、「該当者なし」という結果となった。

2000年は4項目以上をクリアした選手はいなかった。

セ・リーグの防御率トップが石井一久さん（ヤクルト）で、項目を満たしていない2・60となっており、勝利数はメルビン・バンチ（中日）の14勝が最高で、15勝以上を挙げた投手もひとりもいなかった。

また、パ・リーグも、防御率トップは戎信行《えびすのぶゆき》さん（オリックス）の3・27で、勝利数も松坂大輔（西武）が挙げた14勝が最高だった。

奪三振でも150を上回った投手がおらず、完投数10以上は両リーグ合わせてもひとり

図表14 | 沢村賞「該当者なし」の年の主な候補の成績

年	選手名	チーム	①登板試合数	②完投試合数	③勝利数	④勝率	⑤投球回数	⑥奪三振	⑦防御率
1971	平松政次	大洋	43	11	17	.567	279	153	2.23
	江夏 豊	阪神	45	16	15	.517	263 2/3	267	2.39
	山田久志	阪急	46	16	22	.786	270	189	2.37
1980	江川 卓	巨人	34	18	16	.571	261 1/3	219	2.48
	木田 勇	日本ハム	40	19	22	.733	253	225	2.28
1984	郭源治	中日	34	11	13	.542	216	177	3.25
2000	（4項目以上をクリアした選手なし）								
2019	山口 俊	巨人	26	0	15	.789	170	188	2.91
	有原航平	日本ハム	24	1	15	.652	164 1/3	161	2.46
2024	菅野智之	巨人	24	3	15	.833	156 2/3	111	1.67
	戸郷翔征	巨人	26	4	12	.600	180	156	1.95
	有原航平	ソフトバンク	26	3	14	.667	182 2/3	137	2.36
	伊藤大海	日本ハム	26	5	14	.737	176 1/3	161	2.65
	東 克樹	DeNA	26	2	13	.765	183	140	2.16

＊ ■ は条件をクリアしていない項目

もいなかったので、「該当者なし」は当然の結果と言える。

２０１９年は19年ぶりに「該当者なし」となった年である。

委員長を務められていた堀内恒夫さんは、

「野球のシステムが変わってきて、非常に完投しにくくなっているので、クオリティー・スタート（QS）という項目を参考に入れている。でも、これを（選考基準に）入れるほどレベルを下げていって、完投なしでもいいとなると、沢村さんの名前に傷をつけてしまうような気がする」

と総括し、委員の平松政次さんは、

「この二人（山口俊《やまぐちしゅん》、有原航平）の成績を見ると甲乙つけがたい。どちらかを落とせない。しかし、ダブルで二人が受賞するには成績がもの足りない。そういう選考の苦労があった」

と話していた。

このように見ていくと、１９７１年は山田さん、１９８０年は木田さんが受賞するにふさわしい成績を残していたため、「該当者なし」と言える年は、２０００、２０１９、２０２４年の3度と見ていいということがわかる。

条件を満たさない授賞は沢村栄治さんへの冒瀆である

沢村賞のあり方は大きく意見が分かれていて、選考基準についても、現役時代に先発完投型を貫いて昭和の時代に活躍した球界ＯＢの多くは、「現状維持のままで」と主張する人が多いと聞くし、入団当初から投手分業制の時代で現役を過ごした若手のＯＢや現役選手などは、「時代に合わないから変えるべきだ」と主張しているという。

そうした意見が散見されるなか、私は沢村賞のハードルを下げる必要などまったくないと思っている。

なぜなら、「沢村さんの功績を称えて制定された賞」なのだから、世の中の雰囲気に迎合されることなどないからだ。

実際、沢村さん自身が七つの項目をクリアしたのは１９３７年春のシーズンで、投手５冠に輝いたときだった。このときの成績は次のページの図表のとおりである［**図表15**］。

沢村さんは１９４４年に太平洋戦争で27歳の若さで戦死された。

戦後にその功績が称えられ、１９４７年に巨人で背番号14を初の永久欠番に認定し、最

図表15 ｜ 沢村栄治の1937年春の成績

年	選手名	チーム	①登板試合数	②完投試合数	③勝利数	④勝率	⑤投球回数	⑥奪三振	⑦防御率
1937春	沢村栄治	巨人	30	24	24	.857	244.0	196	0.81

も活躍した先発完投型の投手に贈られる沢村賞も同年に設立された。

12年後の1959年には野球殿堂にも入り、名実ともに日本球界を代表する野球人として称えられた偉人である。

それだけに、私は沢村賞の基準となっている7項目を変える必要などないと思っているし、もし該当する投手が現れない年があれば、2024年シーズンのように見送ったって構わないとすら思っている。こう主張すると、

「いまの時代、完投する、あるいは200イニング投げる投手なんて、ごく稀《まれ》なんだから、ハードルを下げたっていいんじゃないか？」

と声を上げる人もいるが、私にしてみれば、沢村さんに対する冒瀆としか思えない。

なぜなら、いったんハードルを下げてしまうと、低い数字設定のなかでの受賞は、かえってマイナスになるんじゃない

かと考えているからだ。

授賞のハードルを下げると そのスポーツのレベルも下がる

たとえば、100メートル走で10秒をなかなか切れなかったとする。そこでライバル同士が切磋琢磨《せっさたくま》して己の走力を向上させるような状況をつくりだすのがベストだが、誰かひとりが、

「100メートルでは10秒を切れないから、90メートル走にしよう」

などと勝手に基準を変えて90メートル走で10秒を切ったところで、世間の大方の見方は、

「ふーん。でも、100メートルじゃないから、価値が低いんじゃないの？」

と捉えるのが普通だろう。

これは何も100メートル走にかぎった話ではない。

勉強にしたって同じだ。

「東大に入りたい」という受験生が、偏差値が足りないという理由で、「東大に入るハードルを下げてください」と言ったって、誰も聞き入れてはくれないはずだ。

これと同じ理屈のことを沢村賞でやろうとしているのはおかしいと私は言っているにすぎないのだ。

それに、「昔より完投数が少ない」「200イニング投げられない」という主張を旗印にハードルを下げてしまうと、投手が完投しよう、200イニング投げようとしなくなってしまう。

登山にたとえれば、東京の高尾山《たかおさん》に満足していたら、富士山《ふじさん》には登れない。

同じ理屈で、先発投手も、六回を投げ終えて満足して降板しているようなら、完投することは昔に比べてとてつもなくハードルの高いものという認識が強くなってしまう。

「それこそ時代錯誤じゃないのか」

「里崎の発想は、まさに昭和の考え方そのものだ」

という異論もあるかもしれないが、私はまったくそう思わない。

いまはアマチュア球界が、「投げすぎは悪」という理由から、高校野球では球数制限を設けている。

そのため、過保護になりすぎて、プロの世界に入ってきても使えない投手が多くなってきている声を、現場からよく聞くからだ。

図表16 | 菅野智之の2018年の成績

年	選手名	チーム	①登板試合数	②完投試合数	③勝利数	④勝率	⑤投球回数	⑥奪三振	⑦防御率
2018	菅野智之	巨人	28	10	15	.652	202.0	200	2.14

もっと言えば、沢村賞は「NPBがその年の優秀な投手にあげる賞」ではない。

MLBのサイ・ヤング賞は、その年の優秀な投手に贈られる賞という認識だが、沢村賞とは意味合いがまったく違う。沢村賞は「該当する7項目をクリアした人が受賞するに値する賞」なのである。

それに、2018年の巨人の菅野智之は、沢村賞に該当する7項目を、すべてクリアして受賞したという事実もある［**図表16**］。

これ以降の6年間、7項目すべてをクリアした投手はひとりもいない。

だが、高い目標を持って野球に取り組んだ結果、菅野はすべてにおいて、このシーズンは最高の成績を残せた。

そう考えれば、7項目をクリアすべきと言うことは決して暴論ではないということは、声を大にして言っておきたい。

もし私が沢村賞審議委員会の広報担当だったら

最後にひとつ提案したいことがある。

それは、「私を沢村賞審議委員会の広報担当に据えてほしい」ということだ。言うなればマスコミ対応の係と言ってもいい。

たとえば、「今年は『該当者なし』です」となったときに、記者から、

「どうして、あの投手は授賞対象じゃなかったんですか？　勝利数、勝率、奪三振、防御率以外は、クリアしているじゃないですか」

と質問されたら、即座にこう返したい。

「お気持ちはわかりますけどね。登板試合数、完投試合数、投球回数をクリアしていないんです。これは2019年の有原投手がそうでした。だから、今年は『該当者なし』なんです」

とキッパリ明言できる。

それで、どう記者が反応してくるかも正直、見てみたいし、このとき、もし、「基準に

達していなくても、沢村賞をあげたっていいじゃないですか」と言われたりしたら、

「なんだって！　あなたは沢村栄治さんの賞を愚弄する気なんですか！」

と反論したっていいと思っている。

これは冗談ではなく、本気の話だ。

たしかに、令和を迎えたいま、「昔のままではよくないよね」ということが少しずつ見直されてきた。

世間的に見ても、コンプライアンスという言葉を使って、働く人の労働環境がよくなったり、野球界も昔に比べてコーチと選手の風通しがよくなったりというのは、いいことだと思う一面もある。

だが、「昔から絶対に変えていけないもの」だって確実に存在する。

そのひとつがスポーツの記録を達成するための基準であり、野球界で言えば沢村賞であるというわけだ。

何度も申し上げるが、「沢村賞は現行の基準のままで変える必要はない」という結論なのである。

そのうえで、沢村賞の基準は満たしていないものの、それに近い成績を上げた投手にど

うしても贈りたいというのであれば、

「登板試合数20、完投試合数15、勝利数10勝以上、勝率5割、投球回数100イニング、奪三振100、防御率2・80で、『沢村賞に準じる賞』を新たに創設すればいい」

と思っている。

それでNPBが表彰してくれるとも思えないが、いずれにしても、沢村賞は日本の野球界において、「投手に贈られる最も権威のある賞」という位置づけで、未来永劫《えいごう》続けていただきたいと願っている。

第7章

なぜ、ネット上のプロ野球情報はウソばかりなのか？

——ファンとメディアの正しいつきあい方

ネット上の真偽不明情報①
「飛ばないボールのせいで本塁打が減った」

私たちが現役だったころと違って、いまはインターネットを中心に、どんな情報でも知りたい放題、見放題である。

昭和、平成のいわゆる2000年代あたりまでは、情報収集する手段は、テレビやラジオ、新聞が中心だった。

翻って、いまはそうした媒体は「オールドメディア」と称され、ネットは「ニューメディア」とされている。

そこで、世の中の人は何かにつけて、「オールドメディア」「ニューメディア」と区分けしたがる傾向になるが、古い、新しいという価値観だけでものごとを判断するのは、危険だと思っている。古いものでもいいものはいいし、反対に新しいものでも危険なものは危険だ。

ここでは、そうした情報の真偽の取り扱い方について、また私なりのネットに出ている誹謗《ひぼう》中傷対策について、「里崎流・令和の情報収集のしかた」について、余すことなくお話していく。

まずは、「飛ばないボール」についてである。

2024年は、セ・リーグが村上宗隆《むらかみむねたか》（ヤクルト）が33本、パ・リーグは山川穂高（ソフトバンク）が34本の本塁打を放って本塁打王のタイトルを獲得した。

村上は、2022年に56本塁打を放って、打率（3割1分8厘）、打点（134打点）もリーグ最高を記録して三冠王を獲得した。

山川も、西武時代の2018年に47本、2019年に43本、2022年に41本の本塁打を放って、過去に3度の本塁打王のタイトルを獲得している。

かつてはシーズン40本以上の本塁打を放ってタイトルを獲得した実績があるだけに、大幅に本塁打の数を減らしたことで、「ボールが飛ばなくなったんじゃないのか？」と騒がれた。

だが、私は「ちょっと待ってくれ」と言いたい。

「ボールが飛ばなくなったって、誰が言ってるんだ？」

ということである。

現在、NPBで使われている試合球（統一球）はミズノ社製で、中国の工場で製造されたものを輸入している。

ＮＰＢが納品前も、シーズン中も、定期的に大きさや重さ、縫い目の高さ、反発係数などが規定範囲に収まっているかを検査してから試合で使用しているため、違反などしていないことは間違いない。

だからこそ、ボール自体が規定外のものを使用しているとか、検査時に不正や誤差が生じていることがあるとも考えづらい。

にもかかわらず、「ボールが飛ばなくなった」、あるいは「飛ばないボールを使用しているから本塁打や安打が減った」などと言っている一部の野球ファンがいるが、「だったら、それを証明してよ」と言いたい。

たとえば、大学の理工学部の研究室に行ってＮＰＢで使用している公式ボールが本当に飛ばなくなったのか実験してみたっていいし、それが証明できたら、「たしかに、いまのボールは飛びません。それにはこれこれこういう理由で……」と発表できるのであれば信《しん》憑性《ぴょうせい》は高くなる。

だが、そうした実験をしたという記事を目にしたことがないし、ＮＰＢ側から、「いまのボールは飛びません」とアナウンスされた形跡もない。つまり、

「いまのボールは飛ばなくなってるんだよ」

と誰かが言ったことが世間に出回り、

「そうなんだ。だから、本塁打が少なくなって、3割を打つバッターが減ってるんだ」

と一部の人たちが「いまのボールは飛ばない説」を妄信的に信じている結果にすぎない。

もし私だったら、「飛ばなくなった原因は、ほかにあるんちゃうの？」と考えてみる。一例を挙げれば、「バッターの技術面でクリアすべき課題があるんじゃないか？」ということだ。

いまは、ありとあらゆる情報がネットから入手できる。MLBに関連した情報を入手するのだってたやすいものだし、「メジャーでいいとされている」という情報を鵜呑みにした一部の選手が、

「いま、メジャーでこれがいいって言われてるんだぜ」

と周辺の選手に、まるで伝言ゲームのように次から次へと伝わり続けた結果、球団の垣根を越え、「自分たちには合わないスイングが広がっていってしまった」というケースだってありうるわけだ。

つまり、「ボールが飛ばなくなった」のではなく、「自分たちが打てないスイングを身に

つけてしまった」ということだってありうる。

ネット上の真偽不明情報②
「コーチの指導よりYouTuberの指導のほうが役立つ」

NPBの打者が、2024年のように打てなくなってしまった原因は、ほかにも挙げられる。

プロでの経験がない、いわゆる野球系YouTuberの指導を鵜呑みにしているケースだ。

彼らが口にするのは、

「アーロン・ジャッジ（ニューヨーク・ヤンキース）が、このスイングをしていた」

「（ブラディミール・）ゲレーロ・ジュニア（トロント・ブルージェイズ）の体のさばき方はこうだった」

などとメジャーの現役スラッガーの名前を用いて、いかにも「誰でも真似できる」という口調で話す。

それを自分でも取り入れようとしてみて失敗するなどというケースも実際にあると聞く。

そうなると、「所属しているチームのコーチって、いったい、なんなんだろう？」と考えさせられてしまう一方、私はある意味、しかたのない事態だとも捉えている。

野球のような団体スポーツの場合、選手がコーチを選ぶことはできない。

これがテニスや体操、フィギュアスケートなど個人競技のスポーツであれば、個別に自分に合ったコーチを見つけられる。

しかし、野球の場合は球団が決めたコーチがつくわけだから、「自分には合わない」となれば、ほかの人の指導を仰ごうとするのはいたしかたのないところである。

それに、いまはメールやLINEでほかのチームの選手たちとも簡単に連絡のやりとりができる。

年上のコーチより彼らに近い世代同士の選手で教え合うことのほうが理にかなったアドバイスをもらえると考えたって不思議な話ではない。

ただし、球界以外、つまり、先ほどお話ししたYouTuberのように球団とは関係のない部外者の指導を仰いで結果を出せなかったら、選手の責任によるところが大きくなってしまう。

名前は出せないが、ある球団では、高卒で入団から4年目以内は必ず球団のコーチの指導を仰ぎ、もしその約束が守れなかったときには解雇されてしまうというケースもあると聞く。

令和のいま、私たちのころと比較しても、圧倒的に選手たちがさまざまな情報を取捨選択できるが、こうした問題は今後も続いていくことになる可能性が高い。

だからこそ、選手が身につけておくべきスキルは、「自分なりの言葉に変換して解釈する能力」であると私は考えている。

昔で言えば、長嶋茂雄さんがバッティングの技術を指導されるときに、「そこでグッと腰に力をためて、ビュンとスイングする」と擬音語を交ぜてアドバイスしていたが、なかには「理解できる」という人もいた。

この場合、「自分がわかるような言葉に変換できたから理解できた」というパターンもありうる。

とくにバッティング技術に自信のある選手だと、

「いま、こういう言葉でアドバイスしてくれたけど、ひょっとしたら、こんなことを言ってくれたんとちゃうんかな？」

と自分が持っている理論に当てはめてみることが必要だというわけだ。

他人からアドバイスされたことが１００あったとすれば、すべてを理解することなど不可能だ。

アドバイスをすべて鵜呑みにして自分の技術として取り入れられるなどというのは、ほぼないと見ていい。むしろ100のうち10か20のことを理解できればいいほうである。

その10か20を自分の言葉に変換して、うまいこと技術として取り入れていければ、おのずとスキルアップしていくはずだと考え方を改めていったほうが、自分の技術として身につく可能性が高いと、私は見ている。

ネット上の真偽不明情報③
「投げすぎは投手の肩とひじによくない」

ボールのことで言えば、投手にもこんな話が広がっている。

「投げすぎは悪。なぜなら、投げすぎると肩とひじが消耗し、やがて利き腕のひじの靭帯《じんたい》を痛め、トミー・ジョン手術をしなければならなくなる。だから球数制限が必要なんだ」

この手の話は、まことしやかにネット上でも散見される。だが、私に言わせれば、

「投げすぎると、ひじを痛める？　その情報のエビデンスを教えてほしい」

ということになる。たいていの場合は、

しい。


「メジャーでそう言っているから」

「アメリカでそうした論文があると聞いている」

と不確かな情報を、いかにも信じているのが、いかにも日本人らしいと言えば日本人らしい。

だが、たいていは、「メジャーがそう言っているから」以上の情報は出てこない。

それはそうだろう。日本の大学で研究されたデータがあるわけでもなければ、病院で統計を取って分析したわけでもない。あくまでも、「個人がまた聞きした情報」の域を超えていないのである。

たしかに、メジャーではトミー・ジョン手術をする投手が多い。

日本人メジャーリーガーで言えば、かつての松坂大輔（当時ボストン・レッドソックス）、和田毅（当時ボルチモア・オリオールズ）、藤川球児《ふじかわきゅうじ》（当時シカゴ・カブス、現・阪神一軍監督）、さらには大谷翔平も2度にわたるトミー・ジョン手術を受けたし、ダルビッシュ有（当時サンディエゴ・パドレス）もこの手術の経験者だ。

一方で、トミー・ジョン手術をしていない日本人メジャーリーガーもいる。日米通算200勝を達成した野茂英雄さんや黒田博樹さん、さらに上原浩治さんも、この手術は行っていない。

そのうえ田中将大《たなかまさひろ》（巨人）もニューヨーク・ヤンキース時代にトミー・ジョン手術と保存療法のどちらがいいかの議論を重ねた結果、保存療法を選んだ。

これとて、ドクターから、

「あなたの場合は無理に手術する必要はない。保存療法という方法で十分投げられる」

と言われれば、そちらを選択したってなんらおかしな話ではない。

かく言う私も、MLBのボールを使ってプレーした経験がある。2006年の第1回WBCで侍ジャパンの代表に選ばれたときだ。

このとき、MLBの公式球を使って試合を行ったのだが、強めにグリップしないとすっぽ抜けるような感覚は、たしかにあった。

私は捕手なので、それほど対策を講じる必要はなかったが、投手は滑り止め対策であれこれ頭を悩ませていたのは事実だ。

けれども、すべての投手が故障してしまうわけではない。メジャーの公式球がどんなに滑るといっても、肩やひじに大きな影響をおよぼさない選手だって実際にいる。

だからこそ、「投げすぎれば、ひじを故障して、トミー・ジョン手術を受けなければならない」という話は真に受ける必要などないというのが、私の結論である。

ネット上の真偽不明情報④「先発投手が中4日を続けるとどこかで壊れる」

さらに、問題なのは、「メジャーのような中4日のローテーションは日本では無理だ」という論調である。

「日本人投手は高校野球で多くの球数を放っている。だから、プロでは中6日で大事に使って壊さない起用法をしたほうがいい」

というコメントをネットで数多く見てきた。

私に言わせれば、「おいおい、現場のことを、まったくわかってないんじゃないの？」ということだ。

現在、DeNAで一軍監督を務めている三浦大輔さんは、現役時代の春季キャンプ期間中に３０００球くらいを平気で投げていたと聞いている。

「プロの選手は体ができあがっているから、多くの球数を投げられるんだ」

と言う人がいるが、結局は「投げるスタミナ」は投げることでついていくものだし、コントロールだって数多く投げなければ身につかない。それも事実である。

ここで言うコントロールというのは、たんに「ストライクを取ればいい」というものではない。「捕手が構えているミットに投げられる」ということだ。

しかし、それができる投手は、私が見るかぎりではほとんどと言っていいほどいない。捕手が構えているミットに投げ切れず、逆球になったところを打者にガツンと打たれるというケースが多いように感じる。

こう言うと反論もあるだろうが、それはそれで結構だ。

私は誰かに好かれようと思って、あえて忖度するようなことはしない。

むしろ、自分が主張したい意見を自由に述べている。

それが結果的に世の中に逆行した意見になってしまうこともある。

だが、世の中に逆行した意見を言える人は、いまはほとんどいない。これは中4日のローテーションについても同じことが言えて、

「中4日だと、ピッチャーは疲労がたまってよくない」

と主張する人はいるが、同時に、

「中4日でも投げられるようなら、あえてチャレンジしてみるべきだ」

という意見は、微々たるものか、ほとんどないかのどちらかである。

ひとつの意見には賛否両論があってしかるべきだというのが、私の考え方のひとつにあるのだが、なぜか世論の動きを読んで、「賛成」の意見が多くなるような記事しかない。

それに反対すると、鬼の首を取ったかのごとくわめき散らす人もいる。

三浦さんのように、ブルペンで球数を投げ、投げるスタミナをつけてコントロールを磨いている人もいるし、そうして実績を残してこられた過去の名投手と呼ばれる人たちは多くいるのだ。

実際、プロ野球の過去の歴史をひもといても、200勝以上を上げて名球会に入ったり、100勝以上を上げたりするような投手は、みんな「どんな練習をしても壊れずに体が頑丈だった」ことが共通点としてある。

この「壊れずに」というのが重要で、間違っても「誰かに壊された」のではなく、「どんな練習をしても壊れなかった」からこそプロで生き残れた。

私に言わせれば、これだって必要な才能だと思っている。

それに、高校時代から球数制限をして大事に大事に育ててきて、どうにかプロの世界に入れた。そこで激しいトレーニングを積み重ねていった結果――「壊れてしまう」などということだってありうる。

これでは、なんのためにプロの世界に入ってきたのかわからないし、本人はもちろんのこと、周囲で指導しているコーチたちにとっても悲劇でしかない。

だからこそ、私の考え方はシンプルだ。

「投手は投げ続けていれば、いつか故障することもある。だが、それを怖がっていては、大投手にはなれないし、プロの世界で実績を残すことなどできない。『いつか壊れるかもしれないけど、壊れてもいいという覚悟を持って投げ続ける』という信念を持った人こそがプロの世界で通用するかもしれない」

ということだ。

あくまでも可能性の問題ではあるが、これからプロを目指す、あるいはすでにプロの世界に入っている投手こそ、学生時代は徹底的に走り込んで、ブルペンでは球数など気にせず、バンバン投げてコントロールを磨き、球速を高めていただきたい。

誰かに忖度していると真実にはたどり着けない

ここまで言うと、「里崎は投手の立場をよくわかっていない」「いまの時代、球数を制限しないなんて、時代にそぐわない考え方だ」などと言われてしまうかもしれないが、私は、まったくそうは思わない。

しかし、いまもプロの第一線で活躍している投手は、誰もが厳しく激しい練習を課して生き抜いてきた連中ばかりだからだ。

プロの投手たちの裏で努力している部分など誰にもわからない。

しかし、並大抵ではない努力を積み重ねてきたからこそ、いまの自分たちの姿がある。

にもかかわらず、一部のネットの声で、「球数制限は善」「球数制限を否定するのは悪」とばかりに声高に主張している人たちがいる。

私にしてみれば、これも「アホか」のひと言に尽きる。

球数制限をしても壊れる投手はいるし、球数制限をしなくても壊れない投手だっている。

そこを検証したうえで、「やっぱり球数制限をしなければ、投手は壊れる」と言うのであれば意味のある理論となるが、それを誰もしようとしていないなか、一方的に「球数制限をしろ」と言うのでは説得力に欠ける。

私は誰かに好かれようと思って、あえて忖度《そんたく》するようなことはしない。

むしろ、自分が主張したい意見を自由に述べて世論で是非を仰ぐ立場にいる。

それが結果的に世の中と逆行した意見になってしまうことも、しばしばある。

だが、世の中と逆行した意見の言える人は、いまはほとんどいない。

球数制限の問題ひとつ取っても、「投げすぎは投手にとってよくない」と主張する人はいるものの、「投げなければ投手として大成しない」という意見は、ほとんど出てこない。

これだって立派な意見であるにもかかわらず、だ。

ひとつの意見に対して賛否両論はつきもののはずだが、最近は、なぜか記事を書く人が世論の動きを読んで、「賛成」の意見が多く求めるような記事しかない。

それに反対すると、鬼の首を取ったかのごとく、わめき散らすユーザーもいる。

こんなことでは、日本では、スポーツジャーナリズムは成熟していかない気がしてならない。

大勢の意見のほうが正しいという場合もある一方で、少数意見のほうが正しいという場

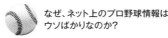

合だってある。

そのときに、「なぜ、その意見を主張しているのか？」をじっくり聞く耳を持つことが大切なのだが、どうも、それができていない人が多く、ことネット上では、少数意見が出ようものなら、マウントポジションを取って、「はい、論破！」としてしまうことが多いように思える。

張本勲さんを起用し続けた『サンデーモーニング』の思惑

一方で、識者のコメントをあえて狙い撃ちして炎上を狙っているという視聴者も一定数いる。

以前、NPBで唯一の3000安打達成者として知られる張本勲《はりもといさお》さんが出演されていた『サンデーモーニング』（TBSテレビ）がその典型と言っていい。

あの番組の一部の視聴者は、張本さんが出演されているコーナー見て、「ネットで炎上させてやろう」と考えているはずだ。

それまでのコーナーは特段、見ているか見ていないのかわからないが、張本さんが出演されるコーナーの時間が迫ってくると、チャンネルを「6」（関東地方の場合）に合わせて、「まだか〜、まだか〜」とテレビの前で待機している。

そうして張本さんが登場し、物議を醸しそうなコメントを発した途端に、

「張本、そんなわけないだろう」

「また突拍子もないことを言っているよ」

「いい加減なことばかり言うな」

とネット上に非難どころか誹謗中傷の嵐となり、ネットが荒れる——というわけだ。

しかも、張本さんのコーナーが終わると、みんなチャンネルを変えてしまう、あるいはテレビを消してしまうという話もあるくらいだ。

裏を返せば、張本さんに意見したい人もいれば、意見したりせずに張本さんのコーナーを純粋に楽しんで見ていた視聴者だっていたはずだ。

それだけに、TBSにとってはある意味、張本さんは視聴率に貢献してくださった恩人とも言えるだろうし、コンビを組んでいた、元日本ハム監督の「親分」こと大沢《おおさわ》啓二《けいじ》さんが亡くなられたあとも張本さんを起用し続けたというのは、「張本さんだけでも十分に視聴率が取れる」と番組関係者が評価していたからにほかならない。

実際、張本さんが出演されるコーナーの視聴率は高かったという話をよく聞いたし、賛否両論があったということは、それだけ多くの視聴者が見ていた証拠でもある。

「張本さんの意見だってありだ」と思っていた視聴者も大勢いた

それでは、張本さんはどんなコメントで炎上していたのか。

一例を挙げると、2019年に大船渡《おおふなと》（岩手）の163キロ右腕の佐々木朗希《ささきろうき》（現ロサンゼルス・ドジャース）が夏の甲子園出場を懸けた県大会決勝で登板を回避して花巻東《はなまきひがし》に敗れたあと、番組内でこんなコメントを発した。

「最近のスポーツ界でね、私はこれがいちばん残念だったと思いますね。32歳の監督（当時の國保陽平《こくぼようへい》監督）でね、若いからいちばん苦労したと思いますがね、絶対、投げさすべきなんですよ。前の日にね、129（球）投げていますからね。だいたい、（準決勝までの）予選で4回しか投げてないんですよ。合計で430、450（球）くらいしか投げてないのよ。昨年（2018年）、吉田輝星《よしだこうせい》（金足農《かなあし》、現オリックス）が800（球）くらい投げているんですよ、ひとりで」

さらに、張本さんは続けて、

「監督と佐々木君のチームじゃないんだから。ナインはどうしますか？　一緒に戦っているナインは。1年生から3年生まで必死に練習してね。やっぱり甲子園は夢なんですよ。私は夢が欲しくてね、小雨《こさめ》の路地で泣いたことがありますよ。2年生、1年生も見てるんだから」

張本さんは、さらにヒートアップして、

「最後に言いたいのは、先発させて、ナインに『早く点を取ってやれよ、3点でも5点でも』と。そしたら、代えてやることもできるんだから。先発させなかったのは間違いだったと思いますよ」

と断じた。張本さんのコメントは國保監督についても発して、

「彼はアメリカの独立リーグにいたんですよ。アメリカ流に考えているんですよ。アメリカは（投手の肩ひじは）消耗品だと思っているから。日本は投げて投げて、力をつける。考え方が全然違うんですよ」

と言い、最後には、

「ケガが怖かったら、スポーツはやめたほうがいい。将来を考えたら、投げさせたほうが

いいんですよ。苦しいときの投球をね、体で覚えて大成した投手はいくらでもいる。楽させちゃダメですよ、スポーツ選手は」

と発言した。

一部のアスリートは、張本さんのコメントに批判的な意見を寄せたというのだが、私は正直、

「こういう意見もありだな」

と思った。

投手は投げることで技術を身につけるという考えがあったって、おかしな話ではない。それを一部のスポーツライターが、「張本氏の発言にはツッコミどころが数多くあったことに気づいたと思う」という前振りをして断罪していく。

こうなると、ネットを通じて一方的にいじめるように仕向けているとしか思えない。

一方で、私のように、「張本さんの意見に納得している人だって多数いただろうし、そうした人たちはネットでコメントをしたり騒いだりしない。そうした人たちはサイレントマジョリティーの可能性だってある」と思う人がいることも忘れてはならない。

現在のプロ野球というのは、昔の人たちの成功があって、いまの人の成功がある。

張本さんにしたってそうだし、それ以外の多くの先人たちが成功した、あるいは失敗したという話に耳を傾けつつ、いまでも取り入れるべき方法は残し、そうでないものは捨てていく。

バッティングの技術やピッチングのコツなど、いまの若い選手たちには知らない、目からうろこのように思える技術だって、張本さんを含めた先人たちは持っているはずだ。

そうしたやり方を見聞きして、自分に合うもの、合わないものを取捨選択して、時代に合ったやり方を生み出していけばいいのではないだろうか。

高校時代とポスティング時で180度変わった佐々木朗希に対するコメント

2025年から佐々木は海を渡ってメジャーに挑戦するが、6年前に佐々木を擁護していた人たちは、あのときと同じように擁護できるのだろうか。

「ルール上、問題ないんだから、頑張ってこい」と言う人もいれば、「ロッテに何も恩返ししていないじゃないか。勝手にしろ」という意見もかなり見受けられた。

しまいには、「高校時代から投げていないから、中4日のローテーションで回るメジャーなんて絶対無理だ」という意見まで現れた。

「あなたは6年前、佐々木や大船渡の監督を擁護して、張本さんを非難してたんじゃないの？」

と思いたい気持ちもあるが、ネットの記事やコメントなど、そのときの時流によっていくらでも変わる。

それがネットの怖さでもあるのだが、私にしてみれば、「ネットのコメントで一喜一憂するくらいなら、『またアホがほざいているよ』と強気な気持ちを持つくらいの気構えがあったっていい」と思っている。

里崎流・ネット上のネガティブコメントのあしらい方

張本さんの例のように、最近はネットでバッシングする対象者を見つけると、思いがけないところからバッシングを食らう世の中である。

企業の不祥事や人気芸能人のスキャンダルなどを例にすれば一目瞭然だが、Yahoo! ニュースを見ていても、一度ターゲットを定めてしまえば、これでもかというくらいに四方八方からバッシングの嵐となってしまう。

これは、私とて例外ではない。

プロ野球の結果を私の視点で分析しただけにもかかわらず、「里崎はわかっていない」と言われることはしょっちゅうあったし、「もう顔も見たくない」「あんなに毒舌キャラだと思わなかった」などと私を否定するようなコメントも、ちらほらあると聞く。

私は誰になんと書かれようが気にならない。

それには次のような法則があると考えているからだ。

世の中には「里崎は何を言っても好き。何を言ってもオッケー」という人が20％いる。

反対に、「里崎は何を言っても嫌い」という人も20％いる。

さらに、「私が応援しているチームや選手のことをよく言ってくれる人が好き。悪く言う人は嫌い」。つまり、自分の考え方に合う人は好きで、そうでない人は嫌いというのが30％いる。

残りの30％が、「里崎が発する意見を聞いて是々非々で決める」という人たち。

これで「里崎智也の評価」は100％として成り立っていると考えているのだ。

さらに言えば、私は自分が言った意見に対して、「賛成50％：反対50％ならオッケー」

であると考えている。この内訳については、先ほどの法則に当てはめると、こうだ。

「里崎は何を言っても好き。何を言ってもオッケー」という人が20%。

「里崎は何を言っても嫌い」という人が20%。

「私が応援しているチームや選手のことをよく言ってくれる人が好き。悪く言う人は嫌い」という人が30%であるとお話ししたが、これは「よく言ってくれたが15%：悪く言ったが15%」くらいに分かれる。

「私が発する意見を聞いて是々非々で決める」という人たちが「15%：15%」に分かれる。

これで「50%：50%になる」という考え方をしているというわけだ。

私は全員に好かれようとも思わないし、全員から賛同を得ようとも思わない。

むしろ、反論やアンチが出てこない意見だと彼らに深く刺さっていないから、無難な意見としか捉えられないというのも、よくないと思っている。

だから、私は人に非難されようが、バッシングを受けようが、まったく気にならないというわけだ。

普通の人であれば、ネガティブなコメントを目にすると、気分はよくないだろうし、場合によっては落ち込んでしまうようなことだってあるかもしれない。

そこで、私が考える、「自分に関するネガティブな情報を目にしない方法」を伝えたい。

その答えは、「見ないこと」である。

こう言うと、本書を読んでいる人は、「そんなの当たり前じゃないか」と言いたくなるかもしれない。

だが、これが最も効果的で、なおかつストレスを感じない方法なのだ。

当然だが、自分のことが悪く書かれている情報を目にすれば、誰だって気分はよくないし、過度なストレスを感じる人だっているだろう。

だからこそ、自分にとってネガティブな要素が満載の情報など見る必要がない。

そんなものに目を通したところで、記事を見た本人が1ミリも幸せになることもないのだから、「あえてスルーする」のも正解なのだ。

これからの時代に求められるのは、情報を発信する側のリテラシーの問題だけではない。

自分が批判ではなく、誹謗中傷されそうな情報を、いかに目にしないまま捨てることも大事だと思っている。

そのためには、パソコンやスマートフォンの情報をすべて受け止めずに、

「ああ、そう。まあ、言うとけや」

と受け流すことも大事だし、先ほど申し上げた私の法則を是として、たとえどんなに辛辣な反応があったとしても、必要以上に怖がる必要はないという考え方も大事である。

これが私のＳＮＳ時代の情報の向き合い方だと考えている。

第8章

なぜ、コーチより YouTuberのほうが稼げるのか？

――「里崎チャンネル」ぶっちゃけ話

私がプロ野球の現場への復帰に乗り気でない理由

私は現場に戻って再びユニフォームを着たい、つまり指導者になろうという考えはない。

一時期は「またユニフォームを着て現場に戻りたいっていう考えがあるんでしょう？」と聞かれることもあったが、いまは、私の周辺でそういうことを言う人は、ほぼいなくなった。

２０２２年シーズンかぎりでロッテの井口資仁《いぐちただひと》監督が最終戦で退任発表をした翌日のスポーツ紙には、私も次期監督の候補者のひとりとして挙がっているという報道があったが、これには私も、「えっ、ホンマに？」と驚きを隠せなかった。

一方で、私の名前がロッテの次期監督の候補に挙がったとき、ＳＮＳでは次のようなコメントが、ちらほら見られた。

「里崎は以前から監督なんか興味ないと言っている。だから、次期監督はありえない」

私のことをよく知っているなと感心せずにはいられなかった。最終的には吉井理人《よしいまさと》さんが監督になることが決まったが、私は本当に指導者になろうとは思っていない。

そう言い切る最大の理由は、「いまより稼げなくなるから」。この一点に尽きる。

引退したプロ野球選手の多くは、「現場に戻って指導者になる」ことをヒエラルキーの頂点と考えている傾向が強い。

なぜなら、「現役ほどでないにしても、数千万円の年俸がもらえるから」という理由が挙げられるが、私にしてみれば、ナンセンスだ。

野球界でコーチを長く続けている人は、「野球以外に仕事がない」と考えがちだ。

冷静に考えれば、まったくそんなことはないし、本人にやる気さえあれば、起業してひと旗揚げることだってできるにもかかわらず、自分で自分の進路を狭めてしまっている人が多い。

令和の野球界は、とくに一般のサラリーマン以上にサラリーマン社会になっている気がしてならない。

「現場より稼げる仕事」があることの強み

だが、私の場合は、野球界に居続ける人たちとは考え方が180度異なっている。

「現場の指導者より稼げる仕事を見つければいい」

そう考えているからこそ、指導者にはまったく興味がない。

私はいま、1億円以上を稼いでいるので、いまの収入を手放して、指導者になることのほうが大きなリスクがあるし、プロ野球の指導者は、じつに理不尽な立ち位置に置かれている。

現場での拘束時間が長くなって、ほかの仕事ができなくなる。

評価もあいまいで、監督のさじ加減ひとつでクビを切られることもある。

契約したら最後、何年先にクビを切られるかわからない。

仮にクビを切られても、その先の職まで面倒を見てくれるわけではない。

これほどまでにリスキーな仕事を、わざわざ選ぶ意味がわからない。

それなら、いまの仕事のほうが、よっぽど堅実だし、食いっぱぐれるような心配だってない。

だからこそ、私は日々の野球評論活動のなかで、「誰にも忖度することのない意見を言い続けられる」というわけだ。

もし、「将来は指導者になりたい」と思えば、いまのように自由闊達《かったつ》な意見が言えなくなる。

耳の痛くなるような意見をすると、聞いた側からしてみれば、評価してくれることはない。「アイツはうるさいことを言うな」というマイナスの評価となり、結果としてユニフォームを着るチャンスを逃してしまうというわけだ。

それなら、「厳しいことは言わないで、忖度したもの言いをすればいい」ということになる。

名前は出せないが、実際、こうした野球解説者は存在する。

近年、引退した選手で、あのチームにも、このチームにも、「ネガティブな発言をしてはいけない」と考えるあまり、ちっともおもしろみのない解説になってしまっていると、あるメディア関係者から聞いたこともある。

これも自分が、「将来、指導者としてユニフォームを着たいから、あまり刺激を与えるような発言はできない」と自分で自分に蓋をしてしまっているからにほかならない。

野球界がこんな不条理なことがまかり通る世界だというのを知っていれば、野球の指導者になること以上に、お金を稼ぐ方法を身につけて自立すればいい。

それによって、さまざまなしがらみも消え、思い切って本当のことが言えるほうが、よっぽど健全な環境であると、いまでも強くそう考え、自立した行動を取り続けた結果、今日の私があるのだ。

私がYouTubeを始めたきっかけ

私は2019年3月26日にYouTubeで『Satozaki Channel』(以下、「里崎チャンネル」)を始めてから、2025年で7年目を迎えた。

もともとYouTubeを始めるきっかけとなったのは、ロッテの親会社から「ビックリマンチョコのプロモーションを手伝ってほしい」と言われたことだった。

幼少のころからビックリマンチョコをこよなく愛し、引退した2014年に「ビックリマンPR大使」に任命されたときには満面の笑みを浮かべて喜んだことを、昨日のことのように覚えている。

それから5年後の2019年、ロッテの親会社から「ビックリマン」の仕事で再びお呼びがかかった。

4月1日が「ビックリマンの日」に認定されていたため、「ファンを『ビックリ』させましょう」ということで、YouTubeを使ってＰＲすることになった。

当時の私は、YouTube自体は知っていたものの、人気のあるYouTuberがどういった動画を上げているのかなど、ほとんど知らなかった。

そうこうしているうちに、動画を撮影してから初めてYouTube上に初投稿した動画がアップされた。２０１９年3月26日のことだった。

ここから9本連続でビックリマンに関する宣伝動画を投稿し続け、それを視聴した人たちから高く評価していただいた。

私がロッテから依頼された任務は、本来であればここで終わり——だったのだが、突然、ロッテの親会社の担当者から、

「今回、使用したYouTubeチャンネルは、どうしますか？　残しますか？　それとも、なくしてもよろしいでしょうか？」

と聞かれたので、私は、すぐさま、「残してください」とお願いした。

理由は単純で、

「この先、誰かにお手伝いをしていただきながら、動画を投稿する機会があるかもしれない」

と考えたからだ。

一方で、YouTubeを使って、すぐに収益化できるとも考えていなかった。YouTubeは、決められた再生回数と再生時間、チャンネル登録者数をクリアしなければ収益化できないことを知っていた。

つまり、スタート段階では誰もがYouTubeでは収入を得られないということは、当初から理解していたのだ。

それに、動画も「ただ掲載すればいい」のではなく、視聴者に見ていただけるような高いクオリティーの番組構成が必須となる。

撮影機材をそろえることはもちろんのこと、編集作業にも高いスキルを持った人材を雇う必要がある。

そのため、ロッテからチャンネルを譲っていただいたものの、すぐには動画制作に入れなかった。

そうしたなかで、私がYouTuberとして本格始動したのが、プロ野球界の大先輩である高木豊《たかぎゆたか》さん（元大洋・横浜、日本ハム）が発起人となり、片岡篤史《かたおかあつし》さん（元日本ハム、阪神）と私たちを含めた5人で資金を出し合って、2019年11月8日に「playfuil（プレイフル)」という会社を設立してからである。

スポーツコンテンツの企画と運営という名目でYouTubeの撮影をする際のスタジオや機材を共同で所有し、さらに編集スタッフも雇用したことで、「プロ野球OBによるYouTuber集団」を形成し、「YouTuber・里崎智也」が誕生した。

私がYouTubeで「億」を稼げた秘訣

私がYouTubeで一定以上の成功を収めた要因は、「誰もができるにもかかわらず、誰もがやりたがらない面倒なことをコツコツやってきた」ことだと自負している。

プロ野球のシーズン中は毎週月曜日と金曜日に「プロ野球12球団全試合総チェック」というコーナーをやっている。

これは火曜日から木曜日、金曜日から日曜日までのプロ野球3連戦の結果から、どの選手が活躍し、勝負の分かれ目はどこだったのかを分析し、1時間近くかけて視聴者に伝えている。

野球にくわしい人なら「誰もが普通にできそうなこと」だと思われるが、別の視点からすると、「面倒くさくないか？」とも思うわけである。

プロ野球の試合は平均すると1試合で3時間を超える。セ・パ合わせて1日6試合あるということは、すべて見ようとすれば、18時間を軽々と超えてしまう。それが1週間で6日、つまり試合の数だけすべて見れば36試合、単純計算すれば108時間も見続けなければならない。

もちろん、あとで試合の映像を確認するときには、倍速にしたり、あるいは飛ばしたりして見ることもある。それを差し引いても、36試合を見るのは、かなりの重労働だ。

その結果、プロ野球解説者の全員がやりたがらないのだが、これは当然のことである。

それに、

「36試合を総チェックしたからといって、オンエアするメディア媒体がない」

という根本的な問題もある。

地上波はもちろんのこと、BSやCSといった有料チャンネルだって、取り上げてくれない。

「そんな一円の利益にもならないことは、やらないほうがいい」という結論にいたってしまうのだ。

しかし、私は違った。

「面倒くさいかもしれないけど、誰もやりたがらないからこそ、やってみる価値はあるはず」

こうポジティブに考えられたのだ。

その結果、「プロ野球12球団全試合総チェック」は、「里崎チャンネル」の人気コーナーのひとつとなっていった。

YouTubeをやり続けていると、「ネタが枯渇していくのが心配だ」という声も、ちらほら聞こえてくる。

たしかに、毎月のように何かしらの新しい企画を考えることは容易なことではない。

だが、定番のコーナーをつくり、それが人気になれば、毎月新しい企画を考える必要はない。

たとえ面倒くさいことであっても、「誰もやりたがらないこと」であれば、あえてチャレンジすれば、活路が見いだせるのではないか――いまでも、そう信じてやまない。

「プロ野球12球団全試合総チェック」でいちばん大切なこと

「里崎チャンネル」の「プロ野球12球団全試合総チェック」で試合結果についての解説を行う際、いつも心がけていることが二つある。

ひとつは「テレビのニュースよりくわしく伝えること」、もうひとつは「ハイライトシーンを、より熱く伝えること」だ。

一般的に、地上波テレビのニュースでのプロ野球の試合結果の映像は、得点シーンやピンチを抑えたシーンなどの、「ハイライトシーンをピックアップしてコンパクトに伝える」ことに終始しがちである。

試合結果のニュースを伝える6分前後の放送時間のなかで、セ・パ合わせて全6試合を伝えなければならない。

かぎられた時間のなかで試合結果をわかりやすく伝えようとすると、このような報道のかたちになるのはしかたのないことだ。

私の場合は、地上波テレビではできないことをYouTubeで実践している。

具体的には、「テレビのニュースよりくわしく伝えること」だ。得点シーンやピンチを抑えたシーンだけではなく、どのような試合の流れになっていたのか、監督の采配面で取り上げるべきところはどこかなどについて、テレビよりはるかに詳細に取り上げている。

「テレビとは一線を画した制作ができるのがYouTubeの強みである」ことは世間でもずっと言われ続けていることである。

そのなかでも、「時間の制約を気にすることなく、自分が伝えたいことを存分に取り上げられる」というメリットを最大限活用するために、1試合1試合をくわしく解説するようにしているのだ。

もうひとつの「ハイライトシーンを、より熱く伝えること」も大事だと思っている。テレビのニュースだと、どうしても冷静に伝えることを優先させるあまり、球場にいるような臨場感が伝わってこない。

そこで、YouTube上で試合結果を話すときには、どういうかたちで得点したのか、あるいは失点を防いだのかなどの状況を細かく描写し、「グッド」か「バッド」かでジャッジしている。

1試合あたり、時間にして6分前後。テレビで全6試合伝える時間を1試合分に割くわけだ。

視聴者は私のチャンネルを通じて、「自分が応援しているチームのことを、くわしく知りたい」と考えている。

応援しているチームが勝ったにせよ、負けたにせよ、テレビのスポーツニュースよりはるかに長い時間を割いて取り上げてくれることを望んでいるし、「里崎は12球団のことを偏ることなく、くわしく話してくれる」と期待してくださっている。

だからこそ、「テレビのニュースよりくわしく、ハイライトシーンをより熱く伝える」ことを信条として、今後も「プロ野球12球団全試合総チェック」を続けていきたい。

「里崎チャンネル」の舞台裏を公開する

現在、「里崎チャンネル」の登録者数は83万人を超えている（2025年1月現在）。

これも登録していただいた視聴者のおかげだが、私の番組は次のような流れで企画から撮影までの一連の作業を行っている。

撮影回数はアシスタントの袴田彩会《はかまだあやえ》さんと撮るのが月2〜3回で、一度に撮るのが10回前後分だ。

このときに重要になってくるのが、どんなテーマを取り上げるのかのネタで、99・9%を私が考えている。

「視聴者は、こんなテーマの企画だったら、おもしろいと感じてくれるんじゃないか?」と私なりに分析したものをテーマにしている。

このときのネタは、それ自体を見つけるのは難しいことではない。

仕事の移動中や家でくつろいでいるときに頭のなかで思い浮かんだものを、スマートフォンに箇条書きにして残しておく。

それ以外にも、スタッフと打ち合わせをしているときや、野球の試合を見ているときも含め、ネタが思いつくのは時と場所を選ばない。

「そんなにネタを思いつくのか?」と言う人もいるかもしれないが、私にとってみれば、じつに簡単なことである。

野球は、春季キャンプに始まり、オープン戦、開幕戦を皮切りにペナントレースが始まると、このチームが勝った、負けたはもちろんのこと、シーズン中には誰かがトレードに出されたり、試合中に判定をめぐっての事件が起きたりと、何かしらのアクシデントも発生する。

そうしてペナントレースの優勝が決まると、CS、日本シリーズと、1年の流れが決まっている。そのなかでネタを見つければいいのだから、「次は何を取り上げようか」と困ることはない。

実際に撮影を行うとなると、前にお話ししたスタジオでの収録となるのだが、このときお手伝いしてくださるスタッフは実質二人ほどで、撮影と収録したあとの編集作業を手伝っていただいている。

場合によっては、私とアシスタントの袴田《はかまだ》彩会《あやえ》さんの二人だけで収録に臨み、撮り終えた素材をスタッフに渡すということもある。

また、試合中にグラウンドで何か起きたときや、球団間のトレードにまつわる話など、速報性を求められるネタを世に出したいときには、私が家や移動先でひとりでしゃべって、スマートフォンに収録した素材をスタッフに渡して動画にアップすることもある。

こうした素材は、手間はかからないが、「いち早く世に出すこと」が大事なので、できるかぎり早い段階での収録と編集作業が勝負となる。

ざっと説明すると、このような流れで企画立案から動画編集までを行っているのだが、テーマそのものは、「これだったらいけるんちゃうかな?」と迷うことはまずない。

私の強みは、捕手目線での解説ができることに加え、日本シリーズやWBC、オリンピックなど、国内外を問わず大舞台を経験してきていることだ。

「ええっ！ 里崎はそこを見ていたの⁉」と視聴者をあっと言わせ、溜飲《りゅういん》を下げられるのは、私ならではの野球評論の強みのひとつだと思っている。

もちろん、WBCでの戦い方や、日本シリーズで下剋上を達成させるための方法だって、根拠のある話をすることが可能だ。

この先も、このスタイルは、当分のあいだ、変えずに貫いていこうと思っている。

私が考えるテレビ、ラジオとYouTubeの「最大の違い」

テレビやラジオのYouTubeとの最大の違いは、「スポンサーに配慮しなければならず、場合によっては誰か謝らなければならない人が出てくることがある」ことだ。

テレビやラジオで有名なタレントが、あることないこと暴言を吐き、それをきっかけに炎上したとする。

このとき、裏ではテレビやラジオの上層部の方々が火消しのために関係各所に謝罪するなどということは、決してめずらしいことではない。

しかし、YouTubeは違う。少々過激なことを言って炎上しても、「再生数が稼げれば、それでいい」と割り切っているYouTuberもめずらしくない。

世間的には、それで物議を醸すこともあるが、当の本人にしてみれば、痛くもかゆくもないということもある。この点がテレビとは大きく違う。

私のスタンスで言えば、テレビやラジオで意図的に暴言や暴論を主張しようなどとは思っていないし、YouTubeだって、あえて過激な暴論を言って耳目を集めようなどとも思っていない。

そのあたりのさじ加減は私の判断によるところが大きいのだが、「批判はしても、誹謗中傷はいけない」という考えが根底のルールとして備わっている。

それに、「YouTubeはテレビやラジオに比べてルールがゆるいから、なんでも言ってしまえ」などと考えていると、それを見たテレビやラジオの関係者から、

「里崎はYouTubeで過激なことを言っているけれども、同じようなことをテレビやラジ

オでされたらかなわない」

という評価を下されてしまい、結果的に、テレビやラジオに起用されなくなってしまう――などということだって十分に考えられる。

テレビやラジオで守らなければならないコンプライアンスは、YouTube上でも十分に注意してトークをするというのを、マイルールのひとつにしているのだ。

私が突拍子もなく暴走した発言をすることで、みんなが不愉快な思いをしたり、その後、大きな迷惑をかけてしまうことだけは、絶対にしてはいけないことだと思っている。

どんなに「言いたい放題に言う」といっても、大人としてのモラルや節度は守る。

つまり、「YouTubeを放送するうえでの倫理」というのは、非常に大事だと考えているのだ。

それでも、私の発言がYouTube上で物議を醸すようなことになったときには、私自身が前面に出て、

「あのときは、言いすぎました。申し訳ありませんでした」

と謝罪するようにしている。

このとき、スポンサーに迷惑をかけることはないし、実際に私以外の第三者が出てきて

謝罪するなどということも、過去に一度も起きていないし、そんなことはあってはならないと思っている。

私は基本、ひとりで動いているように見えるかもしれないが、「里崎チャンネル」でアシスタントして活動してくださっている袴田彩会さんや技術スタッフのみなさんも一緒に動いてくださっている。

全員が肩身の狭い思いをしないようにするためにも、私が自分を律してトークをしていくというスタイルを続けていきたいと思っている。

それでもYouTubeは未来永劫続くものではない

いまや著名人から肩書のあいまいな無名の人まで、さまざまなジャンルの人たちがYouTubeをやっているが、この先、10年、20年も続いているかと言われれば、私は未来永劫、続いていくものではないと思っている。

私は、「自分がしゃべりたいことを世の中に発信していく」ことを信条にYouTubeの動画を上げているが、この先、YouTubeより魅力的なサイトが登場してきたときには、いまより廃れていくことだって大いにありうる。

そんなときでも、私は、焦ることもなければ、悲観的になることもなく、淡々といつもの日常を過ごしていると思われる。

なぜなら、「YouTubeが終わりを迎えることを覚悟して続けているから」だ。

私自身、心のどこかで、「YouTubeがいつまでも続くわけではない」と思っているのもたしかである。

そのために、日ごろから、「何か新しいビジネスになるようなネタはないか」と周囲にアンテナを張りめぐらせ、私が興味があるものがあれば、聞く耳を持つようにしている。

無論、そうしたところで、新たなビジネスをすぐにスタートさせるわけではないものの、「YouTubeは永遠に続くものではない」と考えているだけでもマシなほうだと思っている。

さらに、私のもうひとつの強みは、「YouTubeだけで生きていないこと」。これは意外と大きなポイントだと思っている。

私の仕事はYouTubeだけではない。

野球を軸に置いて、テレビやラジオのプロ野球中継の解説や、スポーツ紙の評論、講演会で話をすることもあれば、自分の冠番組の司会を行うなど、YouTube以外の活動でもお金を稼げている。

万が一、YouTubeで稼ぐ場がなくなってしまっても、「明日から、どうやって稼いでいけばいいのか?」という悩みは、いっさいない。

そうした状況に感謝しつつ、YouTubeはいけるところまで続けていきたいと考えている。

「アンチ」とのつきあい方がYouTube成功の鍵を握る

YouTubeを続けていくうえで、アンチの存在は無視できない。

むしろ、アンチは「大切なお客さまである」という気構えすら持っている。

こう言うと、「里崎はメンタルが強い」と見られがちだが、こう思えるのには大きな理由がある。

アンチというと、普通は「自分に批判的な意見を言う人」であるという認識が強いし、場合によっては「誹謗中傷する人」も、なかにはいる。

正直、こうした人たちは、「面倒くさい」と考えてしまうものだし、「相手にもしたくない」と無視したくなる気持ちも、わからなくはない。

だが、私は彼らの存在を、無視どころか直視さえしている。その理由は二つある。

ひとつは「嫌いだ嫌いだと言いながら、私のことをよく見てくださっていること」、もうひとつは「情報発信力があること」。

そうした部分を彼らのメリットだと捉えているからこそ、うまく利用してやろうと思えるのだ。

アンチは私のことをよく見てくださっている。へたをすれば、私のファンと同じか、それ以上に見てくださっているときがある。

「里崎のヤツ、今日は何を言うんだろう?」とチェックしつつ、「何か突拍子もないことを言ったら、すぐにでも叩きたい」——彼らの心理を分析すると、たいていはそう考えているものだ。

ただし、「里崎がこんなこと言っていたぜ」と言われても、「オレ、そんなこと言ったたっけな?」と、いくら思い返しても思い出せない場合もある。

それだけに、アンチは、まるでファンのように私の発言をチェックしている人たちと紙一重の存在であるとも言える。

また、非難したがる人ほど情報発信力がある。

「里崎がさ、またこんなこと言っていたぜ！　記事を送るから、みんな見てみろよ〜」

「これは聞き捨てならないな。よーし、オレもほかのヤツに送って拡散させてやろう」

などと、アンチ同士のつながりで多方面に広げていくということは、しょっちゅうあることだ。

「あえて炎上することを言って煽《あお》るタイプ」は、アンチのこうした性質を熟知しているので、ちょっとやそっとのことでは動じることはないし、むしろ「炎上上等」とばかりに彼らの情報発信力を利用してやろうとすら考えている。

とはいえ、アンチの存在が「お客さまである」という発想には、簡単になれるものではない。

繰り返すが、自分のことを悪く言われて、気分のいい人なんて誰もいないだろうし、できるなら排除したいと思うのが普通の人の考えだ。

だが、アンチの性質を正しく理解していれば、「自分が発信した情報を拡散してくださる大切なお客さまである」という考え方に転換できるはずだ。

YouTubeである程度のアクセス数が集まると、ファンとアンチの両方が、必ずと言っていいほど存在する。

そこを、「アンチがつくのは人気が出た証拠」と有名税だと割り切って対応するのも、YouTubeを続けていくうえで大切なことに変わりはない。

私がYouTubeを通じて目指していること

私がYouTubeで目指しているのは、「ドン・キホーテ」や「ビックカメラ」である。なぜなら、この二つに行けば、探しているものは、ほぼなんでもそろうからだ。YouTubeにたとえれば、「こんな商品もあります」と、おもしろい動画を見せることが大切だし、それを繰り返していった結果、再生回数が伸びていくのだと思う。

このとき、私が気をつけなければならないことが二つある。

ひとつは、「里崎が言えるのは、これだけだ」と話す分野を限定しないことである。オールマイティーの幅広いジャンルの話ができることをスキルとして持ち続けていたいのだ。もうひとつは、ほかの人と内容がかぶらないことである。とくに「野球」は多くの元プロ野球選手が取り扱っているテーマだが、ほかの人と違って、いかにきわどいことを言い切れるのかが、YouTubeで再生回数が伸びていくうえでの分水嶺《ぶんすいれい》だと考えている。

それで言えば、元プロ野球選手のYouTubeは、とかくゲストに頼りがちだ。

たしかに、YouTubeでお金を稼ぐのが目的なら、それが最も有効な手段なのには違いはないが、あくまでもゲストの力でブランド力が保たれているのであって、決して自分ひとりの力になるわけではない。

トランプにたとえて言えば、「ジョーカー」になってはダメなのだ。

ジョーカーは、ポーカーやババ抜きのときには必須のカードだが、それ以外のトランプのゲームのときには、必要性をあまり感じないし、最悪、なくてもどうにかなるカードである。

しかし、「ハートのエース」がないと、ポーカーやババ抜きどころか、トランプのゲームそのものができなくなってしまう。

私自身も、そうした唯一無二の存在にならなければいけないと考えている。

「里崎チャンネル」で言えば、「プロ野球12球団全試合総チェック」の動画である。

たしかに、シーズンが始まるときには、内心は「また今年もやらなくちゃいけないのか」と憂鬱な気持ちになっている。

実際、雨が降って試合が中止になると、「今日の分はやらなくてもいいんだ！　ラッキー！」と小躍りして喜んでいることもある。

それでも、シーズンが始まれば、視聴者が喜んで動画を見てくださっている。視聴者からの反響も大きく、視聴者からのコメントも多く見られることもあって、私自身も、解説するのに毎回、「少しでも有益な情報をお届けしよう」と力が入ってしまう。

その意味では、野球という分野において「オンリーワンの野球解説者YouTuber」として、今後も、私が話したいことを中心に、「里崎チャンネル」を続けていきたいと思っている。

おわりに

これからのスポーツマスコミは、もっと「嫌われる勇気」を持て

いまのスポーツマスコミの人たちは、世間から叩かれることを必要以上に怖がっている。世論の言うままの意見に流され、どの方面からも文句が来そうにない、賛成多数の意見しか主張できなくなっていることが気になる。

私だって世間と正反対の意見を主張することはあるが、野球そのものを否定しているわけでもなければ、単純に「否定の意見だから正しい」とも思っていない。野球が20年、30年先も進化や発展をしていくことを願って、「これだけは言っておきたい！」と考えていることを提言しているにすぎない。

一例を挙げると、「水を飲ませることが善、飲ませないことが悪」とする風潮もそうである。最近は試合中でも水分補給を行うのが当たり前とされているが、水分を摂取するタイミングや摂取すべき量について研究したという論文や記事の類いを読んだことがない。

もし、「五回終了時に、500ミリリットルのペットボトルの3分の1程度摂取するのが望ましい」という研究結果が出れば、みんな右へ倣えとなるだろうし、これまで五回終了時までに500ミリリットルのペットボトルを1本空けてしまうのは間違った行為となる。そうすると、「水をゴクゴク飲ませるという考え方は古い」ということになるわけだ。

令和時代のプロ野球を見ている人たちからしたら、「昭和、平成のプロ野球選手の考え方は古い。トレーニング方法も含めて、いまの時代のプロ野球のほうが最先端を行っている」と主張したいところだろうが、いまから20年、30年もたってしまえば、「令和の初期のプロ野球は古い」となってしまう。時代とは、そうやって移り変わっていくものだ。

だからこそ、あえて言いたい。スポーツマスコミは、「これは聞いちゃいけない、あれは聞いちゃいけない」と世論に振り回されることなく、信念や矜持《きょうじ》を持って取材をしてほしい。これから先も球界にとって耳の痛い意見を言うことがあるかもしれないが、それで野球界がいまよりずっとよくなるのであれば、私は「嫌われる勇気」を持って、これから先も積極的に情報発信していきたいと考えている。

2025年2月

里崎智也

令和《れいわ》プロ野球《やきゅう》ぶっちゃけ話《ばなし》
球界《きゅうかい》ニュースの見方《みかた》が180度変《どか》わる本《ほん》

2025年3月27日　第1刷発行

著　者　里崎智也《さとざきともや》

ブックデザイン　HOLON
撮　影　吉場正和

発行人　畑 祐介
発行所　株式会社 清談社Publico
〒102-0073
東京都千代田区九段北1-2-2 グランドメゾン九段803
TEL:03-6265-6185　FAX:03-6265-6186

印刷所　中央精版印刷株式会社

ISBN 978-4-909979-76-6 C0075

清談社
Publico

https://seidansha.com/publico
X @seidansha_p
Facebook https://www.facebook.com/seidansha.publico